O IMPERATIVO HERÉTICO

Dados Internacionais de Catalogação na Publicação (CIP)
(Câmara Brasileira do Livro, SP, Brasil)

Berger, Peter L.
  O imperativo herético : possibilidades contemporâneas da afirmação religiosa / Peter L. Berger ; tradução de Flávio Gordon. – Petrópolis, RJ : Vozes, 2017.

  Título original : The heretical imperative : contemporary possibilities of religious affirmation
  Bibliografia
  ISBN 978-85-326-5466-3

  1. Experiência (Religião) 2. Religião e sociologia 3. Religiões 4. Teologia I. Gordon, Flávio. II. Título.

17-03277   CDD-230

Índices para catálogo sistemático:
1. Teologia   230

PETER L. BERGER

O IMPERATIVO HERÉTICO

POSSIBILIDADES CONTEMPORÂNEAS DA AFIRMAÇÃO RELIGIOSA

Tradução de Flávio Gordon

EDITORA VOZES

Petrópolis

© 1979 by Peter L. Berger.

Esta tradução foi publicada mediante acordo com Doubleday, um selo do Grupo Knopf Doubleday, uma divisão de Penguin Random House LLC.

Título original em inglês: *The Heretical Imperative – Contemporary Possibilities of Religious Affirmation.*

Direitos de publicação em língua portuguesa – Brasil:
2017, Editora Vozes Ltda.
Rua Frei Luís, 100
25689-900 Petrópolis, RJ
www.vozes.com.br
Brasil

Todos os direitos reservados. Nenhuma parte desta obra poderá ser reproduzida ou transmitida por qualquer forma e/ou quaisquer meios (eletrônico ou mecânico, incluindo fotocópia e gravação) ou arquivada em qualquer sistema ou banco de dados sem permissão escrita da editora.

CONSELHO EDITORIAL

Diretor
Gilberto Gonçalves Garcia

Editores
Aline dos Santos Carneiro
Edrian Josué Pasini
Marilac Loraine Oleniki
Welder Lancieri Marchini

Conselheiros
Francisco Morás
Leonardo A.R.T. dos Santos
Ludovico Garmus
Teobaldo Heidemann
Volney J. Berkenbrock

Secretário executivo
João Batista Kreuch

Editoração: Maria da Conceição B. de Sousa
Diagramação: Mania de criar
Revisão gráfica: Nilton Braz da Rocha
Capa: Renan Rivero

ISBN 978-85-326-5466-3 (Brasil)
ISBN 0-385-15967-6 (Estados Unidos)

Editado conforme o novo acordo ortográfico.

Este livro foi composto e impresso pela Editora Vozes Ltda.

Sumário

Prefácio, 7

1 A Modernidade como universalização da heresia, 15

2 Religião: experiência, tradição, reflexão, 50

3 A possibilidade dedutiva: reafirmando a tradição, 88

4 A possibilidade redutiva: modernizando a tradição, 120

5 A possibilidade indutiva: da tradição à experiência, 152

6 Entre Jerusalém e Benares: o próximo embate entre religiões, 188

Índice, 225

Prefácio

Digressões autobiográficas no prefácio de um livro costumam indicar que o autor se leva a sério demais. São um sinal de que ele é culpado, não apenas do pecado da vaidade, mas de um deficiente senso de humor (que é, provavelmente, um pecado mais grave do que aquele). Todavia, se, para o bem ou para o mal, um autor foi suficientemente desprovido de humor a ponto de haver escrito mais de um livro, é compreensível que os seus leitores queiram saber como o novo livro se relaciona com os anteriores. Por esse motivo, e (espero) só por ele, permitir-me-ei fazer aqui alguns comentários autobiográficos ou, melhor dizendo, "autobibliográficos".

O meu último livro sobre religião foi *Um rumor de anjos: a sociedade moderna e a redescoberta do sobrenatural* [*A Rumor of Angels: Modern Society and the Rediscovery of the Supernatural* (Garden City, NY: Doubleday, 1969)]. O presente livro retoma deliberadamente o argumento no ponto em que fora deixado naquele – ou seja, na alegação de que o pensamento teológico devia seguir uma abordagem indutiva. Com este último termo, referia-me a uma abordagem que partisse da experiência humana ordinária, explorasse os "sinais de transcendência" ali encontrados, e prosseguisse daí para afirmações religiosas sobre a natureza do real. Não mudei de ideia quanto a isso. Ademais, o presente livro é similar a *Um rumor de anjos* por partir de análises da situação contemporânea mediante o uso de ferramentas intelectuais da sociologia do conhecimento, e então, deliberadamente, cruzar a fronteira entre a ciência social "neutra" e as altamente valorativas proposições teológicas. Mas este livro difere daquele tanto no propósito quanto no escopo. O propósito do anterior era criticar a maneira pela qual o pensamento secular moderno tratou de invalidar a realidade de uma visão de mundo religiosa. Empregou-se ali a sociologia do conhecimento de modo a "relativizar os relativizadores". Ao fazê-lo, no entanto, o foco restringiu-se àquela experiência humana ordinária igualmente disponível ao ateísta ou ao santo da aldeia. Em outras palavras, em *Um rumor de anjos* eu tentei romper os pressupostos do secularismo moderno a partir de dentro. Já o presente livro muda o foco para a experiência religiosa propriamente dita, com o propósito de explorar a aplicabilidade a ela de uma abordagem indutiva. Isso implicou também um escopo consideravelmente mais amplo.

Nos últimos dez anos, a maior parte do meu trabalho como sociólogo não lidou diretamente com religião. Eu trabalhei sobretudo com teoria da modernização, problemas de desenvolvimento no Terceiro Mundo e, em conexão com esses interesses, os usos de perspectivas sociológicas em políticas públicas. Mas a minha intensa confrontação com as realidades terceiro-mundistas produziram uma mudança na minha compreensão da situação religiosa contemporânea. Só agora, em retrospecto, está claro para mim o quão paroquial havia sido o meu estudo sobre religião nos anos de 1960 – paroquial no sentido de que o seu foco recaíra exclusivamente sobre o destino da religião no mundo ocidental. Isso tem implicações para uma série de tópicos sociológicos, notadamente para a questão da secularização. Como restará claro do que se segue, houve também para mim implicações teológicas. Meu entendimento de "ecumenicidade" expandiu-se consideravelmente. Em si mesmo, isso não seria tão interessante, não fosse o fato de eu haver me convencido de que tal expansão é muito salutar e deveras recomendável a quem quer que, atualmente, esteja envolvido com teologia cristã; a mesma recomendação vale para aqueles que, sob outras tradições, pretendam refletir sistematicamente sobre assuntos religiosos nos dias de hoje.

Ainda que a lógica do argumento neste livro requeira discussões sobre tópicos assaz variados, a linha mestra de argumentação é bastante simples. A minha posição é a de que a Modernidade mergulhou a religião numa crise muito específica, caracterizada pela secularidade, claro está, mas sobretudo pelo pluralismo. Na situação pluralística, por razões prontamente visíveis à observação histórica e sociológica, a autoridade de todas as tradições religiosas tende a ser solapada. Nessa situação, há três grandes opções, ou "possibilidades", para quem queira manter a tradição: reafirmar a autoridade da tradição em oposição aos desafios que lhe são impostos; tentar secularizar a tradição; revelar e recuperar as experiências nela encarnadas. Por razões adiante detalhadas, eu chamo essas três opções, respectivamente, de dedução, redução e indução. Trata-se evidentemente de um exercício descritivo, dentro do quadro da sociologia do conhecimento. Eu também sugiro, entretanto, que apenas a terceira opção, qual seja a da abordagem indutiva, é definitivamente viável. E afirmo que a controvérsia entre as grandes religiões mundiais, particularmente entre as tradições surgidas da história religiosa do oeste da Ásia e as que vieram à luz no subcontinente indiano, deve ser um tema de importância central para a teologia e o pensamento religioso no futuro.

Quase todo este argumento pode ser avançado sem pressupor nenhuma confissão religiosa em particular. Ao longo deste livro, tentei argumentar de um jeito acessível aos homens razoáveis de qualquer tradição; é apenas nas últimas páginas que me dedico a questões especificamente cristãs, não sem indicar claramente quando o faço. O fato de que os casos das três opções discutidas no livro provenham todos da história da teologia protestante não pressupõe, de maneira alguma, uma confissão protestante por parte do autor ou do leitor; eu alego que o protestantismo é muito instrutivo por haver confrontado a Modernidade por mais tempo e da maneira a mais intensa; não protestantes e não cristãos têm muito a aprender com esse exemplo (e não necessariamente apenas por bons motivos). Além de tudo, eu não tenho razões para ocultar o fato de que a minha própria confissão religiosa é inequivocamente (e, eu diria até, irrevogavelmente) cristã. Mais ainda, a minha adesão a uma abordagem indutiva no pensamento religioso coloca-me inegavelmente dentro de um ramo particular na história das ideias – aquele do liberalismo teológico protestante, na linha de Friedrich Schleiermacher. Assim eu compreendi a minha "localização" teológica desde o início dos anos de 1960; ela ficou mais clara, talvez mais afiada. De todo modo, eu a admito sem qualquer hesitação ou constrangimento.

Ao apelar a uma abordagem indutiva, portanto, tenho em mente duas audiências diferentes aqui. Primeiro, e mais geralmente, gostaria de me dirigir a qualquer um que pense seriamente sobre religião nos dias de hoje; e a essa audiência eu gostaria de dizer que tal abordagem indutiva oferece novas oportunidades para compreender o fenômeno religioso de modo transcultural e abrangente. Segundo, eu também gostaria de falar com todo aquele preocupado com o impasse do pensamento cristão contemporâneo. Esse impasse, creio, é resultado da estéril antítese entre neo-ortodoxia e secularismo (ambas apresentadas em diferentes versões) que parece ainda dominar a cena teológica cristã, ao menos neste país. Acredito que é chegada a hora de um resoluto afastamento dessa antítese e um retorno aos problemas e métodos (não necessariamente as respostas) do liberalismo teológico clássico. *Aí*, estou certo, está a saída para o presente impasse.

Tenho a impressão de que assumir essa posição não é fazer papel de quem prega no deserto (meu senso de missão não basta para que eu represente plausivelmente tal papel). Parece-me haver um razoável número de pessoas cujo pensamento se inclina nessa direção. Estou menos certo de que essas pessoas estejam entre as fileiras dos assim chamados "teólogos profissionais". Ainda me espanto que haja indivíduos capazes de usar esse termo sem ironia, mas essa é uma outra história. Seja como for, estou muito consciente do fato de estar aqui abordando problemas teológicos sem qualquer espécie de autorização, e sou sociólogo o bastante para compreender o seu risco. "Teólogos profissionais", descobri, reagem aos forasteiros que se aventuram em seus domínios da mesma forma que outros profissionais reagem a iniciativas leigas – ou, ainda, como funcionários de uma loja fechada reagem a quem não tenha a carteirinha do sindicato. Admito prontamente a minha falta de educação teológica formal, e imagino pudesse ter evitado certos erros e defeitos na minha compreensão da religião se houvesse gozado de tal educação. *Tant pis*. Faz-se o que se pode. O que os "teólogos profissionais" têm feito ultimamente não é tão inspirador ao ponto de nós, tipos desacreditados, constrangidos, quedarmo-nos em vigília e silêncio circunspectos. Ademais, minhas impressões acerca da matéria são ainda assaz luteranas; acredito que o sacerdócio de todos os fiéis também possui uma dimensão intelectual.

Mais uma observação "autobibliográfica": eu fui um dos indivíduos associados à chamada *Declaração de Hartford*. Esse documento, que incitou considerável controvérsia, foi amplamente percebido como uma afirmação de conservadorismo teológico; consequentemente, a posição que eu assumo neste livro pode surpreender quem tenha interpretado a Declaração de Hartford dessa maneira. Deixe-me assegurá-los de que não mudei de opinião quanto a isso. Em primeiro lugar, a percepção da declaração como um manifesto conservador foi equivocada desde o início; a noção de que os seus autores estavam empenhados em caçar hereges foi uma distorção grosseira, baseada fortemente no modo como a imprensa cobriu o evento. A Declaração de Hartford não se voltava contra o liberalismo teológico nem contra a "esquerda" política, mas contra a capitulação intelectual ao secularismo; ocorre que, hoje, essa capitulação assume frequentemente a forma de identificação da mensagem cristã tal qual a agenda esquerdista; amanhã, se o humor ideológico da *intelligentsia* americana mudar, as palavras do documento poderão ser igualmente dirigidas contra alguma agenda direitista enunciada sob rótulo cristão. No que diz respeito à minha própria participação na Declaração de Hartford, eu era provavelmente o membro do grupo *teologicamente* mais à esquerda (sem que isso significasse, é claro, que eu fosse *politicamente* o mais esquerdista). Isso estava evidente à época para quem quisesse averiguar. Como então respondi a um crítico, eu não estava interessado num retorno à tradição, mas num retorno ao *confronto* com a tradição; esse confronto, pensava à época e continuo pensando, torna-se sem sentido se a tradição é ela mesma secularizada. Espero que o presente livro esclareça de que modo compreendo a minha posição como não sendo "reacionária" nem "revolucionária".

Este é um livro sobre o pensamento religioso, ou teologia – não sobre a fé, mas sobre o como refletir sobre a fé. Em outras palavras, seu propósito é intelectual, não devocional ou motivacional. Acho importante enfatizá-lo. Os intelectuais tendem sempre a pensar que a história do mundo é a história das ideias; quando teólogos cometem esse erro, todo o caráter do fenômeno religioso é distorcido. Qualquer um envolvido numa busca religiosa visa à afirmação – ou seja, a uma atitude na qual ele possa dizer, "nisso, eu acredito". Para o intelectual, lamentavelmente, essa procura é cercada de "possibilidades" e "impossibilidades" mais complexas. É salutar (no sentido mais literal da palavra) ter em mente que, nessa *raison du coeur* sobre a qual todas as afirmações religiosas são baseadas, o intelectual não é, sequer minimamente, mais privilegiado do que qualquer outro ser humano.

A conceitualização no capítulo 2 foi extensivamente discutida com Hansfried Kellner, a quem muito devo por haver ajudado a esclarecer essas questões na minha própria mente.

Quero expressar minha gratidão à Fundação Exxon de Educação, e em particular ao seu Presidente Robert Payton, pela bolsa que me permitiu ausentar-me das aulas durante um semestre, e à Universidade Rutgers por tolerar essa ausência.

Loretta Barret, a minha editora na Doubleday, foi muito atenciosa durante todo o tempo, e eu quero agradecer fortemente ao seu suporte.

P.L.B.

1. A Modernidade como universalização da heresia

A linha aérea nacional da Indonésia foi batizada com o nome Garuda, o pássaro mitológico do Ramaiana. O nome, estampado nas aeronaves, é apropriado. O viajante que sobrevoa o arquipélago indonésio, com sua miríade de ilhas, pode muito bem sentir-se transportado nas asas do Garuda original. O que faz dele também um ser quase mitológico, quiçá um deus, no mínimo um semideus, riscando o céu com inimaginável velocidade e servido por máquinas de inimaginável poder. Lá embaixo estão os meros mortais, em suas pequenas aldeias e campos. Olham para o alto e veem os deuses passar voando. Ocasionalmente, o viajante aterrissará entre eles, mas mesmo então ele raramente se mistura. Tem negócios importantes a resolver nas cidades grandes. Ou pode passar o fim de semana em Bali, outrora chamada de Ilha dos Deuses, onde talvez venha a gastar o equivalente à renda *per capita* anual da Indonésia.

O viajante aéreo no Terceiro Mundo é uma excelente metáfora da Modernidade. Move-se sobre o mesmo planeta que o dos aldeões lá de baixo, mas, ainda assim, em um mundo completamente outro. O seu espaço é medido em milhares de quilômetros; o deles, pela distância que uma carroça pode percorrer. O seu tempo é expresso na precisão controlada dos horários dos voos; o deles, nas estações da natureza e nos humores do corpo humano. Ele se mexe com impressionante velocidade; eles seguem o ritmo lento estabelecido há muito pela tradição. A sua vida projeta-se sobre um futuro em aberto; a deles conecta-se com o passado ancestral. Ele dispõe de um vasto poder, tanto físico quanto social, mais ou menos sob o seu comando; eles detêm muito pouco de ambos. E, mesmo não sendo um deus, já que mortal, a sua expectativa de vida é provavelmente bem maior que a deles. Vista da perspectiva dos aldeões lá de baixo, a Modernidade é o advento de um mundo novo, carregado de potência mitológica. E a modernização, pois, é a justaposição desse mundo novo sobre os velhos mundos do homem tradicional – um evento cataclísmico e sem precedentes na história humana.

Mas o viajante aéreo também difere do aldeão em outro sentido muito importante. Ele não é somente mais privilegiado e poderoso. Dispõe também de *muito mais escolhas*. Nisso também, é claro, deuses e semideuses eram diferentes dos meros mortais. O viajante aéreo carrega essas escolhas em sua própria pessoa, de forma simbólica. Pode trocar sua passagem aérea e voar para Cingapura em vez de Manila. Pode converter seus cheques de viagem para essa ou aquela moeda. O seu passaporte e cartão de crédito abrem-lhe um sem-número de portas. Todas essas escolhas de viagem, no entanto, representam apenas uma pequena parcela do gigantesco catálogo de escolhas que fazem parte da naturalizada indústria da vida moderna. Decerto, um aldeão javanês também faz escolhas, e, antropologicamente falando, a capacidade de escolher é intrínseca ao ser humano. Decerto também, nem todos os homens dispõem da mesma margem de escolha; assim, um nova-iorquino de classe média alta pode escolher passar suas férias na Ásia, enquanto o seu vizinho da classe trabalhadora opta por pegar um ônibus e ir visitar o primo em Boston. De todo modo, comparados a qualquer um em uma sociedade pré-moderna, ambos têm um leque de escolhas que, na maior parte da história, estaria no reino da fantasia mitológica – escolhas quanto a ocupação, local de residência, casamento, número de filhos, modos de ocupar o tempo ocioso, aquisição de bens materiais. Todas são escolhas, e escolhas muito importantes para a maioria das pessoas, concernentes aos arranjos exteriores da vida. Mas há também outras escolhas, que tocam profundamente o mundo interior dos indivíduos – escolhas referentes àquilo que hoje se costuma chamar de "estilo de vida", escolhas morais e ideológicas, e por fim, mas não por último, escolhas religiosas.

A situação moderna

A Modernidade como expansão quase ilimitada do domínio da vida humana aberto às escolhas – eis o tema central deste livro; ou, antes, seu tema central é a elaboração das implicações dessa situação para a religião. Esse tema, escusado dizer, não pode ser sustentado mediante metáforas, por mais pertinentes que elas sejam. Ele deve ser elaborado sistematicamente; no curso dessa elaboração, uma certa qualidade meticulosa será, por vezes, inevitável.

Marion Levy definiu assaz incisivamente a medida da modernização como "a razão entre as fontes animadas e inanimadas do poder"[1]. Pode-se não estar plenamente satisfeito com essa definição (e, incidentalmente, Levy elaborou-a com grandes detalhes numa série de livros), mas ela tem o mérito de apontar claramente dois aspectos da questão: um, que a Modernidade (que, no contexto dessa definição, seria uma situa-

---

1. LEVY, M. *Modernization*: Latecomers and Survivors. Nova York: Basic Books, 1972, p. 3.

ção em que prevalece uma *alta* razão entre as fontes animada e inanimada) não é um caso de tudo ou nada, mas de variação gradativa. E, dois, que o fator essencial no processo de modernização, e *ipso facto* o núcleo da Modernidade (produto, por sua vez, do processo mesmo), é tecnológico. Ambos os aspectos são muito importantes. Historiadores, por exemplo, gostam sempre de alertar a cientistas sociais que tal ou qual fenômeno do mundo contemporâneo tem paralelo em períodos passados da história. É, de fato, intelectualmente saudável estar ciente dos precedentes históricos, reconhecendo inclusive que a nossa própria situação não é completamente inaudita em algumas de suas características. Mas, ao mesmo tempo, não devemos permitir que fiquemos presos dentro de uma perspectiva na qual não haja nunca nada de novo na história – na qual, em última análise, nenhuma mudança possa ser percebida. A maneira pela qual Levy define a modernização nos faz vê-la, por assim dizer, de um modo estático: a Modernidade é um agregado de traços; e estes aparecem na história em diferentes distribuições de frequência. Ademais, embora esses traços cubram uma ampla variedade de questões humanas (econômicas, políticas, sociais e até psicológicas), a principal força causal a agregá-los é tecnológica. Em outras palavras, a justaposição do avião e da carroça na metáfora anterior não é gratuita.

Se fazemos um fenômeno recuar o bastante no tempo, teremos inevitavelmente uma variedade de fatores causais. Segue-se que, o que aparece como força causal originária num período da história é, ele mesmo, produto de outras causas, algumas delas de caráter possivelmente muito diverso. Portanto, a tecnologia que transformou as condições de vida humana nos últimos séculos não caiu do céu no início da era que ora chamamos moderna. Tem sido frequentemente perguntado por que foi na Europa, em dado momento, que o conhecimento científico, por séculos "à solta", foi quase subitamente transmudado em uma revolução tecnológica. Por que não na antiga Grécia? Ou mesmo na Índia ou na China? Nem é preciso dizer que há diferentes teorias quanto a isso. Elas não podem ser exploradas aqui. Basta dizer que não temos nenhuma intenção de assumir algum tipo de determinismo tecnológico. Ao contrário, estipulamos que a revolução tecnológica da história recente deve ser compreendida como resultado da confluência de causas múltiplas e heterogêneas. Logo, a Modernidade, na forma pela qual é hoje conhecida, *também* foi causada por outros fenômenos especificamente europeus – tais como a economia capitalista de mercado, o estado-nação burocrático, as metrópoles pluralistas, e as complexas configurações ideológicas produzidas pelo Renascimento e a Reforma. Entretanto, a única, singular e mais importante força transformadora foi, desde o início, e ainda hoje, a tecnologia.

A vida e o pensamento humanos estão sempre situados na história. Pode-se dizer, portanto, que quem hoje vive e pensa se encontra *na situação de modernidade*; dependendo do país ou setor social em questão, pode-se reformular a afirmação sugerindo que se vive e pensa numa situação caracterizada por esse ou aquele grau de modernização. Isso pode, de início, soar como afirmação banal, mas suas implicações são tudo menos banais. O que precisa ser esclarecido é o conceito de *situação*. Ele significa, antes de tudo, que a existência de um indivíduo desenrola-se sob certas condições externas – nesse caso, sob condições suscitadas por uma certa tecnologia, certos arranjos políticos e econômicos e assim por diante. Mas significa também haver uma internalização de pelo menos algumas dessas condições – nesse caso, condições que podem ser resumidas à afirmação de que um indivíduo contemporâneo acha-se afligido ou abençoado pelo agregado de estruturas cognitivas e psicológicas comumente chamadas de *consciência moderna*. Dito de outro modo, a situação da vida e do pensamento contemporâneos é moldada, não apenas pelas forças externas da Modernidade, mas pelas forças da consciência moderna que conformam o mundo interior dos indivíduos. Uma das áreas mais importantes de análise é precisamente essa relação entre os aspectos externos e internos da Modernidade[2].

Aquela relação prevalece eminentemente no caso da tecnologia. Assim, por exemplo, um indivíduo na América contemporânea acha-se numa situação de se comunicar frequentemente via telefone. O telefone, obviamente, é um fato externo na vida do indivíduo; com efeito, é um fato material, corporificado em inumeráveis objetos físicos, dos quais muitos talvez abarrotem o seu lar. Também obviamente, esse fato externo dá forma a muitos aspectos da vida cotidiana do indivíduo. Logo, ele pode utilizar o telefone, e a maquinaria altamente complexa e poderosa relativa a ele (incluindo cabos submarinos entre continentes e satélites de comunicação orbitando o planeta), para entabular uma conversa trivial com um amigo de férias na Indonésia. Mas essa não é a história completa. Um indivíduo que usa o seu telefone deve saber lidar com esse elemento particular da maquinaria. Essa é uma habilidade, que depois de um tempo se torna um hábito – hábito externo, fragmento de comportamen-

---

2. A minha abordagem dessa relação é a da sociologia do conhecimento. Obviamente, não será possível desenvolver aqui todas as suas implicações. Para os fundamentos teóricos gerais dessa abordagem, cf. BERGER, P.L. & LUCKMANN, T. *The Social Construction of Reality*: A Treatise in The Sociology of Knowledge. Garden City, N.Y.: Doubleday, 1965. Para uma aplicação dessa abordagem ao problema da Modernidade, cf. BERGER, P.L.; BERGER, B. & KELLNER, H. *The Homeless Mind*: Modernization and Consciousness. Nova York: Random House, 1973. Este último livro, em particular, provê o arcabouço teórico abrangente para o presente argumento.

to aprendido. Mas o uso do telefone também implica o aprendizado de certas maneiras de pensar – hábitos internos, por assim dizer. Isso significa pensar em números, absorver uma estrutura consideravelmente complexa de abstrações cognitivas (tais como a rede de códigos de área cobrindo a América do Norte), possuir alguma noção do que poderia dar errado com a maquinaria (mesmo que seja para chamar um técnico em reparos). Quem quer que já tenha usado um telefone num país do Terceiro Mundo sabe que nenhuma dessas coisas pode ser dada de barato. Mas isso não é tudo. Usar um telefone habitualmente também significa aprender um estilo específico de lidar com os outros – estilo marcado pela impessoalidade, precisão e (ao menos neste país) uma certa civilidade superficial. A questão central é esta: esses hábitos internos *migram* para outras áreas da vida, tais como relações não telefônicas com outras pessoas? A resposta é muito provavelmente sim. O problema é: como, e em que medida?

O exemplo do telefone pode ser replicado por todo o espectro dos aparatos tecnológicos da vida contemporânea. Em consequência, a questão pode ser enormemente ampliada: a consciência tecnológica contemporânea migra para outras áreas da vida? Dito de outro modo: teria o homem contemporâneo uma mentalidade tecnológica correspondente às forças tecnológicas que moldam externamente a sua vida? Novamente, a resposta quase certa é sim. Todavia, o problema da qualidade e do grau dessa correspondência está longe de ser resolvido. *Mutatis mutandis*, questões similares podem ser levantadas com respeito a outras facetas externas da Modernidade: haveria uma mentalidade capitalista correspondente à economia capitalista de mercado? Uma mente burocrática correspondente às instituições burocráticas? E assim por diante.

Escusado dizer, os detalhes de tão vasto problema estão além do escopo deste livro. O ponto das considerações anteriores é simplesmente expor um fato empírico simples, mas sobejamente importante: *a consciência moderna é parte e parcela da situação em que se encontra o indivíduo contemporâneo*. Em outras palavras, uma pessoa hoje não está apenas situada no mundo moderno, senão também dentro das estruturas da consciência moderna. Portanto, a consciência moderna é um dado para o pensamento contemporâneo. Ela é, se se prefere, um *a priori* empírico.

Mas algo agora deve ser imediatamente acrescentado, para evitar um mal-entendido fatal: *dizer que a consciência moderna é a situação de um indivíduo não significa dizer que a sua experiência e o seu pensamento devam permanecer irrevogavelmente dentro dos limites dessa situação*. Em outras palavras, para se compreender a contextualidade sócio-histórica da vida e do pensamento humanos não é necessária uma visão determinista. Se assim fosse, a mudança social revelar-se-ia provavelmente impossível. O *Homo Sapiens* é um ser contextualizado, mas também um ser sempre levado a transcender a sua situação particular. Certamente, os indivíduos diferem em sua capacidade de transcender a situação em que o fator acidental do nascimento os lançou: há milhares de conformistas apáticos para cada Sócrates. Ademais, diferentes situações sócio-históricas suscitam diferentes probabilidades de que um indivíduo transcenda os limites de sua situação: Atenas era um local mais provável para o surgimento de um Sócrates do que um vilarejo famélico nas montanhas da Trácia. Ainda assim, mantém-se o princípio segundo o qual a situação em que um indivíduo se encontra é o *ponto de partida* para a sua vida e pensamento; o *ponto de chegada* de ambos não é inexoravelmente predeterminado, mesmo que possa ser previsto com algum grau de probabilidade[3].

Se assim entendemos a consciência moderna, seguem-se daí várias consequências importantes. A principal delas é que a consciência moderna, mesmo que reconhecida como a situação em que se encontra o estudioso moderno, e a qual este deve reconhecer como seu ponto de partida, perde a sua qualidade de presumida superioridade. A consciência moderna é uma entre muitas formas historicamente disponíveis de consciência. Ela tem características específicas, paridas e mantidas por forças sócio-históricas específicas. Ela está mudando e, assim como toda construção humana ao longo da história, eventualmente desaparecerá ou virará algo bem diferente. Dito simplesmente, a consciência moderna é um fato, mas não necessariamente um objeto ante o qual devamos nos curvar com reverência. É claro que o homem moderno tende a conceber a si mesmo e aos seus pensamentos como o clímax da evolução. Nisso ele não difere de quase todas as variedades anteriores da espécie. Mas não há nenhuma razão convincente para dar mais crédito a tais apelos do que a qualquer um dos antecessores. Eles próprios podem ser compreendidos como o corolário de forças empiricamente dadas (tais como as extraordinárias conquistas da tecnologia recente, que possuem algo como um fator megalomaníaco embutido). As disciplinas da história e das ciências sociais podem colocar a consciência moderna nessa perspectiva empírica apropriada. É claro que ela ainda não provê uma base para se decidir se essa ou aquela afirmação da consciência moderna é

---

3. Tal compreensão do sentido de contextualidade (*Standortsgebundenheit*) segue o que tem sido chamado de tradição moderada ou menos radical da sociologia do conhecimento, em contraste com suas formas mais radicalmente deterministas. Cf. STARK, W. *The Sociology of Knowledge*. Glencoe, Ill.: Free, 1958.

válida ou não. O que oferece é uma atitude de sobriedade pela qual tais afirmações podem ser acessadas. Dito de outro modo, a compreensão empírica da consciência moderna não responde, e não pode responder, às questões filosóficas acerca das pretensões do homem moderno à verdade, mas é um prelúdio altamente útil para esse empreendimento filosófico.

Assim, por exemplo, tem-se afirmado que o homem moderno é incapaz de pensamento mitológico – ou seja, de uma perspectiva segundo a qual o universo é permeado por diversas intervenções divinas ou, de algum modo, meta-humanas. Suponhamos por ora que a afirmativa esteja correta, ao menos num sentido estatístico: o americano de classe média típico, em tendo uma visão do demônio, provavelmente chamará um psiquiatra em vez de um exorcista. Essa probabilidade é empiricamente disponível, e pode ser explicada em termos dos determinantes empíricos da situação do indivíduo. A intervenção de demônios na vida humana é uma possibilidade excluída das definições de realidade dominantes na educação e socialização desse indivíduo, e também da realidade posta pelas principais instituições que o rodeiam no dia a dia. Em outras palavras, não há mistério acerca de sua provável reação. Além do mais, as definições particulares de realidade que governam a sua situação podem ser explicadas, em princípio, pela história dentro da qual a sua própria biografia não é mais que um episódio; poderia muito bem ocorrer, por exemplo, que o papel da tecnologia nessa história fosse um fator explicativo. Até aí tudo bem. A questão permanece: Existem demônios? E, se sim, terá um deles invadido Cleveland na noite passada? A evidência empírica de que, em seu tempo e espaço, o referido indivíduo não possa conceber tal possibilidade não é resposta para essas questões. É, afinal, possível que um indivíduo incapaz de conceber demônios esteja cometendo um grande erro. Ampliando essa observação, é possível que a consciência moderna, se expande a atenção humana sobre alguns aspectos do universo, possa tê-la feito perder de vista outros aspectos igualmente reais.

A consciência moderna, por razões que serão elaboradas mais à frente, tem um efeito poderosamente relativizador sobre todas as visões de mundo. Em larga medida, a história do pensamento ocidental ao longo dos últimos séculos tem sido um longo esforço para lidar com a vertigem da relatividade induzida pela modernização. Diferentes analistas talvez optem por diferentes provas textuais do início de tudo isso. Uma particularmente boa seria a afirmação de Pascal segundo a qual o que é verdadeiro de um lado dos Pireneus é falso do outro. À medida que esse *insight* tornou-se mais difundido e aprofundado, a questão sobre qual dos dois lados dos Pireneus está certo adquiriu uma particular urgência, que é uma das características mais salientes do pensamento ocidental recente. Uma compreensão empírica da situação é, por si mesma, incapaz de livrar alguém da vertigem da relatividade. Ela pode até, por um momento, aumentar essa vertigem. No entanto, ela também aponta uma saída – relativizar o processo relativizador. A Modernidade é, então, percebida como um grande caldeirão relativizador. Mas a Modernidade é, ela própria, um fenômeno relativo; ela é apenas um momento nos movimentos históricos da consciência humana – não o seu pináculo, ou a sua culminação, ou o seu fim.

Tem havido desde o início duas atitudes opostas acerca da Modernidade. De um lado, a sua exaltação e celebração em termos da ideia de progresso ou alguma visão comparavelmente otimista da história. De outro, o seu repúdio como uma vasta degeneração, uma perda da graça, até mesmo um evento desumanizador. A atitude sugerida pelas considerações anteriores difere de ambos os termos dessa antítese. Elas não são nem uma celebração, nem um lamento sobre a Modernidade; e, portanto, nem "progressistas", nem "reacionárias". A Modernidade é um fenômeno histórico como qualquer outro. Como tal, é inevitavelmente um misto de características admiráveis e deploráveis. E, muito provavelmente, também um misto de verdades e mentiras. É recomendável manter essa atitude ao longo do argumento seguinte.

Do destino à escolha

A consciência moderna, tal qual a Modernidade em seus aspectos exteriores, é um agregado altamente complexo de elementos. Alguns são tão intimamente associados às instituições nucleares da Modernidade que é difícil, se não impossível, "abstraí-los" – quer dizer, pensar a consciência moderna sem eles. Por exemplo, é muito difícil imaginar uma sociedade moderna sem o tipo de consciência que torna exequível a comunicação telefônica. Outros elementos da consciência moderna claramente não são desse tipo. São, em vez disso, acidentes da história que podem ser "abstraídos" sem muitos problemas – tal como, por exemplo, o fato de que a língua inglesa (e com ela, é claro, a sua carga de acessórios semânticos e até mesmo poéticos) tenha se tornado o principal veículo de comunicação internacional na maior parte do mundo[4]. Um dos elementos da consciência moderna mais difíceis de "abstrair" é aquele já mencionado anteriormente – a multiplicação de opções. Dito de outro modo, *a consciência moderna implica um movimento do destino à escolha*.

---

4. Em *The Homeless Mind*, nós chamamos esses dois conjuntos de elementos, respectivamente, de intrínsecos e extrínsecos.

O homem pré-moderno viveu na maior parte do tempo num mundo do destino. Isso, é claro, no sentido mais óbvio de que todo um vasto leque de escolhas aberto pela tecnologia moderna não existia para ele. Em lugar das várias ferramentas acionadas por eletricidade, por exemplo, o faz-tudo pré-moderno dispunha apenas de uma única ferramenta – digamos, o velho martelo de pedra passado cerimonialmente de pai para filho, talhado sempre exatamente da mesma maneira. Em vez de ampla variedade de estilos de vestuário, para citar outro exemplo, o indivíduo contava com um só estilo, predeterminado pelos materiais e técnicas de alfaiataria então disponíveis, como também pela tradição. Esta última frase introduz, todavia, um outro fator que, embora relacionado a possibilidades tecnológicas, já vai além do domínio tecnológico propriamente dito. Assim, um indivíduo numa sociedade pré-moderna dificilmente mudaria o seu estilo de vestuário ainda que essa opção se lhe houvesse subitamente aparecido graças a tal ou qual acidente histórico. Eis justamente em que consiste a tradição: utilizamos esta ferramenta, para um fim específico, e não outra. Vestimo-nos deste jeito particular, não de outro. Uma sociedade tradicional é uma em que a maior parte da atividade humana é governada por essas claras prescrições. Sejam quais forem os problemas enfrentados por uma sociedade tradicional, a ambivalência não é um deles.

Na medida em que a Modernidade avança sobre uma sociedade tradicional, esse mundo do destino é abalado, não raro rápida e dramaticamente. O processo pode ser observado ainda hoje em muitos lugares no Terceiro Mundo. Não existe caso mais dramático que o do controle da natalidade. Ao longo de todos os séculos anteriores ao advento das técnicas modernas de contracepção, a sexualidade e a gravidez estiveram fundidas numa relação de destino. Claro está, podia-se evitar a gravidez evitando o sexo, e havia diversas técnicas contraceptivas rudimentares. Mas nenhuma delas poderia ser chamada propriamente de controle. Se não o destino, pelo menos a sorte era quem ditava as regras nesse terreno. A contracepção moderna, pela primeira vez, fez da gravidez ou da não gravidez uma questão de decisão deliberada e razoável para milhões de indivíduos. Da maneira a mais elementar (e há poucas coisas tão elementares como as que afetam o nosso próprio corpo), o que antes era destino passou a ser escolha. As dificuldades das campanhas de controle de natalidade em muitos países do Terceiro Mundo talvez se expliquem, em larga medida, pela dificuldade enfrentada por povos tradicionais em assimilar essa transformação verdadeiramente prometeica. O promotor do controle de natalidade que tenta introduzir essa ou aquela técnica contraceptiva numa comunidade tradicional não está apenas divulgando um novo e interessante apetrecho. Antes, ele está sugerindo que os aldeões se rebelem contra o que, desde tempos imemoriais, tem sido o seu destino – e que utilizem os próprios corpos como instrumentos dessa rebelião!

Sociologicamente falando, as sociedades pré-modernas são marcadas pelo fato de suas instituições possuírem um grau muito alto de certeza jamais questionada. Isso não significa dizer que essa certeza seja total; se assim fosse, não haveria nunca qualquer mudança social. Mas o grau de certeza, comparado ao de uma sociedade moderna, é de fato muito alto. O que foi dito antes sobre as técnicas materiais da vida também se aplica ao amplo espectro dos arranjos institucionais: é assim que as coisas são feitas, e não de qualquer outro jeito. Assim é que se casa (com este, e não outro, parceiro); assim é que se criam as crianças, se leva a vida, se exerce o poder, se vai à guerra – e não de outro jeito. E, dado que os seres humanos derivam a sua identidade daquilo que fazem, este é o jeito próprio de ser – e não se poderia ser alguém ou algo diverso. Em toda sociedade humana, há uma conexão entre a rede de instituições e, por assim dizer, o repertório disponível de identidades. Em uma sociedade tradicional, essa conexão é muito mais íntima do que em uma sociedade moderna. Ademais, as instituições e identidades tradicionais são dadas, certas, quase tão objetivas quanto os fatos da natureza. Em outras palavras, tanto a sociedade quanto o Eu são experimentados como destino.

Na experiência humana, um fato objetivo é aquele diante do qual o indivíduo não tem escolha, ou, mais precisamente, aquele que restringe as suas escolhas. A gravidade é uma lei inexorável do mundo objetivo, e esse fato não pode ser ignorado, "abstraído", tido por não existente. Construir a casa sob uma pedra que oscila é expor-se a essa facticidade objetiva. Se e quando a pedra desabar, o indivíduo pode tentar fugir, mas a pedra em queda é, em si mesma, um fato objetivo do universo que ele pode até amaldiçoar, mas deve finalmente aceitar. As instituições e identidades pré-modernas são objetivas de maneira análoga, em termos de como são experienciadas. Também a sua objetividade é de estilo "pedra", que "desaba" sobre o indivíduo como destino ou fortuna. Nascer nessa aldeia é viver "sob" essas instituições, que mantêm "suspensa" toda a vida, do berço ao túmulo. E isso significa viver como um ser humano dotado de características altamente definidas, elas também objetivamente dadas e reconhecidas, tanto pelos outros quanto por si mesmo.

Essa experiência de objetividade é pré-teorética – ou seja, ela precede qualquer reflexão sistemática. Simplesmente, ela é parte integrante da indústria da vida ordinária e cotidiana. Mas os seres humanos refletem, ou pelo menos alguns deles. Não é de espantar que, em sociedades pré-modernas, o destino experimentado na vida ordinária também apareça no nível teorético. Melhor dizendo, *o que é experimentado como necessário é também interpretado como necessário.* Essas interpretações podem assumir formas muito diversas. Nas sociedades tradicionais, a maior parte delas está ancorada na mitologia: o mundo é o que é porque assim decretaram os deuses. Mas as interpretações também podem ir além da forma mitológica, e adquirir a qualidade da especulação sofisticada. O desenvolvimento da noção grega de destino, *moira*, ao longo de vários séculos de maturação do pensamento, é um exemplo fascinante[5]. Seja qual for a sua forma, essas interpretações fundam a realidade objetiva da experiência social numa alegada objetividade do cosmos. Desse modo, fornecem uma legitimação última das necessidades experimentadas: o que é deve ser, e não poderia ser diferente[6].

O processo pelo qual a Modernidade perturba esses mundos do destino é de suma importância para o presente argumento e deve, pois, ser elaborado em mais detalhes. Não é possível fazê--lo aqui em relação à questão sobre se a proliferação tecnológica tem, por si só, esse efeito, embora muito do que já foi dito indique haver *alguma* conexão entre dispor de diversas ferramentas e de diversos cursos de ação a se escolher[7]. É a proliferação de escolhas institucionais que deve ser considerada aqui. A Modernidade complica enormemente a rede institucional de uma

---

5. Cf. GREENE, W. *Moira*: Fate, Good and Evil in Greek Thought. Nova York: Harper Torchbooks, 1963.

6. Essa compreensão da legitimação provê o nexo entre as sociologias do conhecimento e a religião. Cf. o meu *The Sacred Canopy*: Elements of a Sociological Theory of Religion. Garden City, NY: Doubleday, 1967. O meu entendimento da categoria cosmos em sociedades pré-modernas deve muito à obra de Mircea Eliade.

7. Essa conexão, incidentalmente, deveria ser levada mais a sério por aqueles favoráveis a que as pessoas sejam capazes de escolher estilos de vida alternativos, mas que ao mesmo tempo condenam o alegado materialismo das escolhas alternativas de consumo numa economia capitalista. Mas essa é uma outra história.

sociedade. A causa básica disso é a grande complexificação da divisão de trabalho, mas as implicações vão bem além das áreas econômicas e tecnológicas primeiramente afetadas. *A Modernidade pluraliza.* Onde costumava haver uma ou duas instituições, agora há cinquenta. No entanto, as instituições podem ser mais bem compreendidas como programas para a atividade humana. Assim, ocorre que, ali onde costumava haver um ou dois programas numa área particular da vida humana, passa a haver cinquenta. Nem todos esses novos programas abrem possibilidades de escolha individual. O fato de que um cidadão contemporâneo talvez tenha agora de pagar cinco tipos diferentes de imposto, enquanto o súdito de um governante tradicional só pagava um, dificilmente pode ser tido por um incremento nas opções. Mas *algo* dessa proliferação institucional tem, de fato, essa consequência, e é muito importante entendê-lo.

Consideremos a esfera das relações sexuais como um exemplo muito básico disso. Uma sociedade tradicional é quase que invariavelmente marcada por uma firme, e assaz estreita, institucionalização dessa área da vida humana: assim é como as coisas são feitas, e dentro deste conjunto particular de possíveis parceiros, sendo qualquer desvio de padrão severamente penalizado (na hipótese de que o desvio seja concebível e chegue a ocorrer). As sociedades modernas no Ocidente, e a América mais do que nunca, têm assistido a uma constante expansão do leque de alternativas aceitáveis ao padrão tradicional – na crescente tolerância do casamento para além de grupos limitados e na definição de papéis dentro do casamento, bem como na crescente tolerância a relações sexuais antes e fora do casamento. Os recentes fenômenos dos movimentos *gay* e feminista são, pois, uma intensificação de uma tendência consideravelmente velha de pluralização: hoje, um indivíduo do sexo masculino pode não apenas casar-se com uma mulher de fora do seu grupo racial, étnico, religioso ou de classe, e não apenas entrar em novos arranjos domésticos e profissionais, como também optar por manter uma relação sexual permanente e aberta com outro homem. Esses movimentos recentes, especialmente o último, introduziram um termo sociologicamente muito revelador – qual seja o de "estilo de vida sexual". Assim, até a sexualidade pode hoje ser experimentada como uma arena de escolhas individuais. Tudo o que alguém precisa fazer para notar a dramática mudança que isso implica é tentar explicar para, digamos, um indonésio – ainda que intelectualmente educado no Ocidente – o que os americanos querem dizer quando falam em "estilos de vida sexuais"! O resultado de tal esforço provavelmente não será desaprovação ou repulsa, mas perplexidade, se não mesmo total incompreensão. Não é tampouco certo que a pluralização de cursos de ação possíveis e socialmente aceitáveis nessa área da vida tenha chegado a termo. Os recentes desenvolvimentos na cirurgia de mudança de sexo sugerem a possibilidade de escolhas ainda mais radicais: uma mulher pode agora escolher não apenas um papel masculino, mas um corpo masculino[8]. Novamente, o impacto dessa proliferação de programas possíveis para o indivíduo pode ser resumido na mesma fórmula: o que antes era destino tornou-se agora um conjunto de escolhas. Ou: o destino foi transformado em decisão. E, mais uma vez, essa multiplicação de escolhas é experimentada, em nível pré-teorético, por um sem-número de pessoas comuns, com pouco ou nenhum interesse em reflexão

---

8. E a cirurgia de mudança de sexo não é a única possibilidade relevante aqui. À medida que se desenvolvem a técnica cirúrgica e a "engenharia genética", não há razão para supor que o foco se limitará aos órgãos sexuais. A próxima aventura prometeica pode implicar escolhas entre diferentes arranjos possíveis de membros, órgãos sensíveis, ou funções cerebrais. As implicações legais e morais disso (sem mencionar as filosóficas!) são ainda praticamente inconcebíveis.

sistemática. Inevitavelmente, porém, essa situação empírica requer interpretação – e, *ipso facto*, um questionamento sistemático daquilo que costumava ser assumido como destino.

Uma pluralidade de visões de mundo
Logo, a pluralização institucional que marca a Modernidade afeta não apenas as ações humanas, mas também a consciência humana: o homem moderno vê-se confrontado não somente com múltiplas opções de cursos de ação, mas também com múltiplas opções de modos possíveis de pensar o mundo. Na situação de plena modernização (da qual a América contemporânea pode, por ora, ser tomada como paradigma), isso significa que o indivíduo pode escolher a sua *Weltanschauung* tanto quanto a maioria dos demais aspectos de sua existência privada. Em outras palavras, estabeleceu-se uma suave continuidade entre as escolhas do consumidor em diferentes áreas da vida – a preferência por essa marca de automóvel em vez daquela, por esse estilo de vida sexual em vez daquele, e, finalmente, a decisão de seguir essa "preferência religiosa" particular. As implicações verdadeiramente alucinantes desta última frase, tão comum no linguajar americano ordinário, serão retomadas em breve. Por enquanto, basta dizer que há um vínculo direto e sociologicamente analisável entre as transformações institucionais e as cognitivas trazidas pela Modernidade.

Esse vínculo pode ser posto em termos mais precisos: *A Modernidade pluraliza tanto instituições quanto estruturas de plausibilidade*. A última frase representa um conceito central para uma compreensão da relação entre sociedade e consciência[9].

---

9. Para uma elaboração sistemática do tema, cf. BERGER & LUCKMANN. Op. cit., passim.

Para o presente propósito, a sua importância pode ser afirmada assaz simplesmente. Com a possível exceção de algumas áreas da experiência pessoal direta, os seres humanos requerem confirmação social para as suas crenças acerca da realidade. Assim, o indivíduo provavelmente não demanda dos outros que o convençam de estar com dor de dente, mas depende desse suporte social para todo o espectro de suas crenças morais. Dito de outro modo, a dor física impõe a sua própria plausibilidade sem quaisquer mediações sociais, enquanto a moralidade requer circunstâncias sociais particulares a fim de se tornar e permanecer plausível para o indivíduo. São precisamente tais circunstâncias sociais que constituem a estrutura de plausibilidade para a moralidade em questão. Por exemplo, valores morais de honra, coragem e lealdade são comumente característicos de instituições militares. Em estando o indivíduo dentro de um tal contexto institucional, é muito provável que esses valores sejam plausíveis para ele de um modo assumido e não questionado. Se, todavia, esse indivíduo for transportado para um contexto institucional demasiado distinto (digamos que já não haja necessidade de muitos soldados em sua sociedade particular, e que ele seja forçado por carência econômica a assumir uma ocupação civil), então é bem provável que comece a questionar os valores militares. Tal perda de plausibilidade é também o resultado de processos sociais – de fato, do mesmo gênero de processo social que, anteriormente, estabeleceu e manteve a plausibilidade das virtudes marciais. Na primeira situação, outros homens proveram o suporte social para um conjunto de valores morais, assim como, na segunda, o suporte social é dado a valores morais diferentes. Biograficamente, o indivíduo pode ser visto como tendo migrado de uma estrutura de plausibilidade para outra.

Segue-se daí haver uma relação direta entre a coesão das instituições e a coerência subjetiva das crenças, valores e visões de mundo. Numa situação social em que todo mundo com quem o indivíduo possui laços significantes é soldado, não é de surpreender que a visão de mundo do soldado, com tudo o que ela implica, seja maciçamente plausível. Em compensação, é muito difícil ser um soldado numa situação social em que isso faça pouco ou nenhum sentido para as demais pessoas. Deve-se acrescentar que essa relação entre contexto social e consciência não é absoluta. Há sempre exceções – dissidentes e rebeldes, indivíduos que mantêm uma visão de mundo e de si próprios mesmo na ausência de suporte social. Essas exceções são sempre interessantes, mas elas não falseiam a generalização sociológica de que as crenças e os valores humanos dependem de estruturas de plausibilidade específicas. Em outras palavras, essa generalização é probabilística – mas a probabilidade é de fato muito alta.

Segue-se ainda que a pluralização institucional da Modernidade teve de trazer em sua esteira uma fragmentação e, *ipso facto*, um enfraquecimento de todo valor e crença concebíveis dependentes de apoio social. A situação típica na qual o indivíduo de uma sociedade tradicional se vê é aquela onde há estruturas de plausibilidade altamente confiáveis. Por outro lado, as sociedades modernas são caracterizadas por estruturas de plausibilidade instáveis, incoerentes e não confiáveis. Dito de outro modo, na situação moderna a certeza é algo difícil de se obter. Nunca é demais sublinhar que esse fato está baseado na experiência pré-teorética – ou seja, na vida social ordinária do cotidiano. Essa experiência é comum ao homem proverbial na rua e ao intelectual que avança teorias elaboradas sobre o universo. A incerteza inerente também é comum a ambos. Esse *insight* sociológico básico é crucial para um entendimento da competição entre visões de mundo e a resultante crise de fé tão característica da Modernidade.

O indivíduo moderno vive, pois, num mundo de escolhas, em agudo contraste com o mundo do destino habitado pelo homem tradicional. Ele deve fazer escolhas em inumeráveis situações da vida diária, mas tal necessidade de escolher chega até as esferas dos valores, crenças e visões de mundo. Decidir, entretanto, significa refletir. O indivíduo moderno deve fazer uma pausa ali onde os homens pré-modernos podiam agir com irrefletida espontaneidade. Grosso modo, o indivíduo moderno deve proceder a um pensamento mais deliberado – *não* por ser mais inteligente, *não* por estar em uma espécie de nível superior de consciência, *mas* porque a sua situação social o força a isso. Ele encontra a necessidade de escolher e, *ipso facto*, a necessidade de parar para refletir antes de escolher, em variados níveis da vida. A vida ordinária do dia a dia é plena de escolhas, das mais triviais entre mercadorias que competem pelo gosto do freguês, até as várias alternativas de estilo de vida. A biografia também é uma sequência de escolhas, muitas delas, se não mesmo a maior parte, novas à Modernidade – opções de nível educacional e profissional, de parceiros matrimoniais e "estilos" de casamento, de padrões alternativos de criação dos filhos, de uma quase-infinita variedade de associações voluntárias e de compromissos sociais e políticos. Estes envolvem tipicamente o indivíduo em escolhas societárias, algumas delas de vasto escopo – escolhas entre programas políticos alternativos para a sociedade como um todo, escolhas entre "futuros alternativos" de toda sorte. De uma maneira historicamente inédita, o indivíduo moderno planeja a sua própria vida e a de sua família, enquanto as sociedades modernas planejam o seu futuro coletivo. E, repetindo, tal necessidade de escolher une os níveis pré-teórico e teórico da experiência.

Uma outra consequência dessa situação, e notavelmente curiosa, tem sido uma nova medida de complexidade na experiência que o indivíduo tem de si próprio: a modernização trouxe consigo um forte acento no lado subjetivo da existência humana; com efeito, pode-se dizer que a modernização e a subjetivação são processos cognatos[10]. Isso é frequentemente sublinhado em relação ao pensamento teórico, sobretudo filosófico. Assim, a filosofia ocidental desde Descartes tem sido caracterizada como uma imersão na subjetividade. A epistemologia, claro está, expressa-o mediante a recorrente pergunta: "O que podemos saber?" É muito importante entender que essa pergunta não é feita apenas por filósofos, e que, em certas circunstâncias, ela se torna um problema urgente para o homem comum. A Modernidade produz tais circunstâncias. Mas mesmo sob condições mais confiáveis, os seres humanos devem ter em mão algum tipo de resposta a essa questão, no mínimo porque cada nova geração de filhos a coloca de um jeito ou de outro – e os adultos devem estar em posição de responder. Numa sociedade com estruturas de plausibilidade estáveis e coerentes, as respostas podem ser dadas num tom de grande segurança. Ou seja, a realidade socialmente definida possui um alto grau de objetividade: "Assim é como o mundo funciona; é isto, não aquilo; não poderia ser diferente; pare com essas perguntas tolas". É precisamente esse tipo de objetividade que acaba por ser erodida pelas forças da modernização. Em consequência, as respostas à perene questão humana "O que eu posso saber?"

---

10. O termo "subjetivação" foi cunhado por Arnold Gehlen, e esta parte do argumento baseia-se em sua obra. Cf. tb. LUCKMANN, T. *The Invisible Religion*. Nova York: Macmillan, 1967.

tornam-se incertas, hesitantes, ansiosas. De todo modo, o indivíduo deve ter alguma resposta, porque precisa de algum tipo de ordem significante na qual, e segundo a qual, viver. Se as respostas não são fornecidas objetivamente por sua sociedade, ele é levado a voltar-se para dentro, na direção de sua própria subjetividade, para dali extrair quaisquer certezas que possa manejar. Essa volta para dentro é a subjetivação, um processo que abarca tanto Descartes quanto o homem comum, hesitante em relação ao curso de ação adequado para esse ou aquele domínio da vida cotidiana.

Se esse ponto é compreendido, não deve surpreender que a cultura ocidental moderna tenha sido marcada por uma atenção cada vez maior à subjetividade. A filosofia é apenas uma pequena parte disso. Há a literatura moderna (a novela sendo aqui o exemplo primordial), a arte moderna e, por fim, mas não por último, a astronômica proliferação de modernas psicologias e psicoterapias. Todas essas coisas, no entanto, são manifestações da subjetivação ao nível do pensamento teórico. Todas elas estão fundamentadas na experiência pré-teórica – basicamente, na experiência de que o universo socialmente definido já não é confiável. Com efeito, em relação à filosofia moderna, podemos dizer que a situação social descrita acima é a sua necessária estrutura de plausibilidade. O mesmo pode ser dito da literatura, da arte e da psicologia modernas (e, não tão incidentalmente, da moderna sociologia). E tudo isso está muito conectado com a transição do destino à escolha: erodiu-se a maneira consagrada pela qual as instituições pré-modernas ordenavam a vida humana. O que antes era fato autoevidente tornou-se agora ocasião de escolha. O destino não requer reflexão; o indivíduo compelido a fazer escolhas também é levado a parar e pensar. Quanto mais escolhas, mais reflexão. O indivíduo que reflete torna-se inevitavelmente mais consciente de si próprio. Ou seja, desvia a atenção do mundo exterior objetivamente dado para a sua própria subjetividade. Ao fazê-lo, duas coisas ocorrem simultaneamente: o mundo exterior torna-se mais questionável, e o seu próprio mundo interior, mais complexo. Essas duas coisas são traços inconfundíveis do homem moderno.

Um Prometeu muito nervoso

Esse homem moderno, ao enfrentar o cataclísmico movimento do destino à escolha, se nos afigura facilmente como um personagem prometeico. Não raro, especialmente desde o Iluminismo, ele próprio tem-se visto assim. É de suma importância dizer tratar-se aí de um Prometeu muito nervoso. Pois a transição do destino à escolha é experimentada de um modo assaz ambivalente. Por um lado, trata-se de uma grande libertação; por outro, temos ansiedade, alienação e até mesmo terror. Aqui vêm à mente em primeiro lugar, naturalmente, alguns dos maiores pensadores da Modernidade – Kierkegaard, Nietzsche e Dostoiévski. Mas a ambivalência entre libertação e alienação é experimentada por incontáveis seres humanos que jamais leram um livro (muito menos escreveram). Toda cidade do Terceiro Mundo é, hoje, repleta dessas pessoas. De um lado, a Modernidade as atrai feito um poderoso ímã, com suas promessas de mais liberdade, novas possibilidades de vida e autorrealização. Escusado dizer, essas promessas nem sempre se fazem cumprir, mas a Modernidade é, de fato, experimentada como libertação – dos limites estreitos da tradição, da pobreza, dos laços de clã e tribo. De outro lado, cobra-se um preço muito alto por essa libertação. O indivíduo passa a experimentar a si próprio como *solitário*, de um jeito impensável numa sociedade tradicional – privado da firme solidariedade de sua coletividade, hesitante quanto às normas pelas quais sua vida deve ser governada, e, finalmente, inseguro acerca de quem ou o que ele é. Um aldeão africano deixado à deriva no tumultuoso mundo de, digamos, Lagos ou Nairóbi, dificilmente terá ouvido algo sobre a filosofia europeia moderna. No entanto, ele será capaz de atestar, se não em palavras, na realidade viva de sua existência, o que significa ser "condenado à liberdade". Os filósofos podem questionar se essa frase de Sartre é ou não uma formulação adequada acerca da condição humana; o sociólogo deve dizer que ela resume admiravelmente bem a condição do homem *moderno*; e o sociólogo pode acrescentar que apenas sob circunstâncias sociais modernas é que tal proposição filosófica poderia alcançar ampla plausibilidade.

Libertação e alienação são os lados inextricavelmente vinculados da mesma moeda da Modernidade[11]. Querer a primeira sem a segunda é uma das recorrentes fantasias da imaginação revolucionária moderna; perceber a segunda sem a primeira é o calcanhar de Aquiles de virtualmente todos os pontos de vista conservadores. No entanto, é preciso cuidado para não exagerar o desespero alienado da maior parte dos indivíduos modernos. Simplesmente não é verdade que a maioria das pessoas viva num estado prolongado de *Angst*; Camus estava certo contra Sartre nesse ponto, e, em retrospecto, suspeita-se que também o Bispo Mynster estivesse certo contra Kierkegaard, assim como Jacob Burckhardt contra Nietzsche. As pessoas se adaptam de algum modo. Uns continuam a viver nos (e segundos os) resquícios de estruturas tradicionais; outros são bem-sucedidos em construir vários novos arranjos que permitam algum grau de certeza; outros ainda apenas mantêm-se muito ocupados.

---

11. Cf. "Über die Geburt der Freiheit ans der Entfremdung", de Gehlen, em seu *Studien zur Anthropologie und Sociologie*. Neuwied/Rhein: Suhrkamp, 1963, p. 232ss.

Logo, o ponto definitivamente *não* é que os homens modernos sejam todos existencialistas do tipo faça você mesmo, equilibrando-se na beira de um abismo de desesperança. Antes, o ponto é que o negócio de "acomodar a si próprio no universo" (a frase, livremente traduzida, é de Ernst Bloch) tornou-se consideravelmente mais difícil do que em uma sociedade tradicional. Para alguns, é verdade, tornou-se impossivelmente difícil, mas o seu caso não deve ser generalizado. Ao mesmo tempo, até essa descrição mais moderada, não kierkegaardiana, da condição moderna deve deixar claro ser ela algum tipo de *novum* na história. Tampouco é necessário, de modo a compreender as suas implicações, afirmar que a situação moderna é *totalmente* inédita. Há alguns paralelos em outras eras nas quais as ordens estabelecidas foram abaladas, como por exemplo no período helenístico. É provável, todavia, que nunca antes a pluralização de significados e valores tenha sido experimentada tão massivamente por tantas pessoas. A razão para isso, é claro, deve ser buscada na tecnologia moderna: o senso de relatividade também pode ser comunicado em massa.

Desde o início, o aspecto alienador da Modernidade suscitou nostalgias pela restauração de um mundo de ordem, significado e solidariedade. Um jeito de afirmá-lo é que a modernização e a contramodernização são sempre processos cognatos[12]. A ânsia por se livrar das alienações da Modernidade pode assumir formas muito distintas. Sua aparência mais nítida é a comumente chamada de "reacionária". Isso se expressa teoricamente em ideologias que olham para o passado em busca de sentido, enquanto percebem o presente como um estado de degeneração; a expressão dessas ideologias na práxis sociopolítica se dá nas

---

12. Cf. BERGER; BERGER & KELLNER. Op. cit., passim.

tentativas (tipicamente quixotescas) de restaurar estruturas que precederam a Modernidade. Mas há também uma assim chamada forma "progressista" dessa libertação redentora. Aqui, o presente também é percebido como desumanizado e intolerável, mas o mundo restaurado não é buscado no passado, senão, antes, projetado no futuro. Essa forma de contramodernidade é típica dos modernos movimentos e ideologias revolucionários. O marxismo é o caso prototípico, e a sua grande atratividade não pode ser compreendida senão pela afinidade que mantém com nostalgias contramodernas.

O movimento do destino à escolha é irreversível? Em princípio, nada do que é histórico é irreversível. Mas é muito difícil visualizar como, dadas as necessárias fundações tecnológicas que sustentam a vida de tantos habitantes do planeta, esse movimento poderia ser facilmente revertido. Há uma pluralidade inerente e, *ipso facto*, uma inerente instabilidade nos arranjos institucionais necessários a essa situação. Mas há, todavia, uma exceção muito importante a essa regra: o Estado totalitário moderno. Seu objetivo central é a restauração de uma ordem pré-moderna de significados estáveis e firme solidariedade coletiva. O paradoxo é que, ao buscar esse objetivo, ele emprega os meios mais modernos de comunicação e controle – meios que são, neles e para além deles mesmos, alienadores em seus efeitos. O totalitarismo moderno é um fenômeno muito recente; mesmo se definido mais amplamente, tem apenas cerca de 50 anos de idade. É muito cedo para dizer se o experimento fracassou. Mas não é muito cedo para dizer que o seu sucesso empírico seria uma tragédia humanitária sem precedentes. De todas as "soluções" possíveis para os críticos da Modernidade, esta, com toda a certeza, não é a que dotará a humanidade de esperança. Segue-se que, rejeitando a possibilidade totalitária de um novo mundo do destino, deve-se encontrar maneiras de lidar com o mundo da escolha.

O imperativo herético

Deve estar claro até aqui que a religião não é, em absoluto, a única área da experiência e do pensamento afetada pela transição do destino à escolha. A moralidade, por exemplo, é afetada crucialmente, assim como todas as instituições (notadamente, as políticas) que reivindicam algum tipo de autoridade moral. Mas a situação moderna da religião permanecerá mal explicada a não ser que se compreenda a sua relação com a transição acima referida.

O impacto da Modernidade na religião é comumente visto em termos do processo de secularização, que pode ser descrito simplesmente como aquele no qual a religião perde a sua influência, tanto em nível das instituições quanto da consciência humana. Este não é o lugar para resenhar a (atualmente) imensa literatura sobre as causas, o caráter e o curso histórico da secularização[13]. Mas um ponto deve ser esclarecido aqui: há, no mínimo, uma íntima conexão entre a secularização e a pluralização das estruturas de plausibilidade descritas anteriormente. As razões para isso não são difíceis de entender. Uma visão de mundo religiosa, assim como qualquer outro corpo de interpretações da realidade, é dependente de suporte social. Quanto mais unificado e confiável é esse suporte, mais essas interpretações da realidade estabelecer-se-ão firmemente na consciência.

---

13. Para uma elaboração sistemática do tema, incluindo a relação da secularização com o pluralismo, cf. o meu *The Sacred Canopy*, Parte II. Para exposições mais recentes do problema da secularização, cf. CAPORALE, R. & GRUMELLI, A. (eds.). *The Culture of Unbelief*. Berkeley: University of California Press, 1971. • DAHM, K.-H. et al. *Das Jenseits der Gesellschaft*. Munique: Claudius, 1975.

A típica sociedade pré-moderna cria as condições sob as quais a religião possui, para o indivíduo, a qualidade de certeza objetiva; a sociedade moderna, ao contrário, solapa e desobjetiva essa certeza, privando-a de seu *status* consagrado e, *ipso facto*, subjetivizando a religião. E essa mudança, é claro, está diretamente relacionada com a transição do destino à escolha: o indivíduo pré-moderno estava ligado aos seus deuses no mesmo inexorável destino que domina quase toda a sua existência; o homem moderno confronta-se com a necessidade de escolher entre deuses, cuja pluralidade lhe está socialmente disponível. Se a condição típica do homem pré-moderno é de certeza religiosa, segue-se que a do homem moderno é de dúvida religiosa. Escusado dizer que essa diferença não é absoluta. Houve indivíduos pré-modernos que se bateram com dúvidas religiosas, e há gente hoje com convicções religiosas inabaláveis. A diferença, por assim dizer, é de distribuição de frequência. Todavia, a frequência de incerteza religiosa na situação moderna é tão drasticamente maior, que é válido incorporá-la numa noção de tipicalidade. Sejam quais outras causas possam haver para a secularização moderna, deveria estar claro que o processo de pluralização teve efeitos secularizadores em (e para além de) si mesmo.

A palavra "heresia" vem do verbo grego *hairein*, que significa "escolher". Uma *hairesis*, originalmente, significava apenas fazer uma escolha. Um significado derivado seria o de opinião. No Novo Testamento, bem como nas epístolas paulinas, a palavra já tem uma conotação especificamente religiosa – qual seja, a de facção ou seita dentro da comunidade religiosa mais ampla; o princípio inspirador de tal facção ou seita é a opinião religiosa particular escolhida por seus membros. Assim, em Gl 5,20, o Apóstolo Paulo inclui o "espírito de seita" (*hairesis*), ao lado de males tais como discórdia, egoísmo, inveja e embriaguez, nas "obras da carne". No desenvolvimento posterior das instituições eclesiásticas cristãs, é claro, o termo adquiriu sentidos teológicos e legais muito mais específicos. A sua etimologia permanece altamente esclarecedora.

Para que essa noção de heresia tenha algum sentido, deve-se estar pressuposta a autoridade de uma tradição religiosa. É apenas em relação a essa autoridade que alguém poderia assumir uma postura herética. O herético negava essa autoridade, e recusava-se a aceitar a tradição *in toto*. Em vez disso, ele selecionava entre os conteúdos da tradição aqueles que lhe interessavam, construindo assim a sua própria opinião desviante. Pode-se supor que a possibilidade de heresia tenha sempre existido nas comunidades humanas, assim como se supõe terem havido sempre rebeldes e inovadores. E, claro, aqueles que representavam a autoridade de uma tradição devem ter sido sempre confrontados com a possibilidade. No entanto, o contexto social desse fenômeno mudou radicalmente com o surgimento da Modernidade: *em situações pré-modernas, há um mundo de certeza religiosa, ocasionalmente rompido por desvios heréticos. Em contraste, a situação moderna é um mundo de incerteza religiosa, ocasionalmente enfrentado por construções mais ou menos precárias de afirmação religiosa*. De fato, poder-se-ia precisar ainda mais essa mudança: *para o homem pré-moderno, a heresia é uma possibilidade – usualmente assaz remota; para o homem moderno, a heresia torna-se tipicamente uma necessidade*. Ou, novamente, a Modernidade cria uma nova situação na qual selecionar e escolher torna-se um imperativo.

Agora, de uma hora para a outra, a heresia já não se coloca contra um claro pano de fundo de autoridade tradicional. O fundo ficou turvo, se é que não desapareceu. Enquanto ele ainda estava lá, os indivíduos tinham a possibilidade de *não* selecionar e escolher – podiam apenas se render ao consenso estabelecido que os envolvia por todos os lados, e é isso que a maior parte deles fazia. Mas agora essa possibilidade mesma turvou-se ou desapareceu: como se render a um consenso socialmente indisponível? Qualquer afirmação deve, antes, criar o consenso, mesmo que isso só possa ser feito em comunidades pequenas e quase sectárias. Em outras palavras, os indivíduos agora *devem* selecionar e escolher. E, tendo feito, torna-se muito difícil esquecer o fato. Permanece a memória da construção deliberada de uma comunidade consensual e, com isso, um persistente senso do *caráter construído* daquilo que a comunidade afirma. Inevitavelmente, as afirmações serão frágeis, e essa fragilidade não restará muito longe da consciência.

Um exemplo pode ser útil aqui; é talvez o exemplo mais importante no mundo ocidental moderno – qual seja o da emancipação judaica. Na situação do gueto, como no *shtetl* da Europa Oriental, teria sido absurdo dizer que um indivíduo *escolheu* ser judeu. Ser judeu era um dado presumido da existência do indivíduo, continuamente reafirmado com eloquente certeza por todo mundo no ambiente em que vivia o indivíduo (incluindo aí os não judeus). Havia a possibilidade teórica de conversão ao cristianismo, mas as pressões sociais contra isso eram tão fortes, que a sua realização efetiva era rara. Havia, claro está, diferentes versões de como ser judeu, e até mesmo a possibilidade de ser um espécimen pouco representativo de judeu, mas nada disso chegava a afetar a realidade, objetiva e subjetiva, de ser um judeu. A emancipação mudou tudo. Para mais e mais indivíduos, tornou-se um projeto viável dar um passo para fora da comunidade judaica. De repente, ser judeu emergira como uma opção entre outras. A etnicidade, internamente, e o antissemitismo, externamente, terminaram por brecar esse desenvolvimento, mas ele foi bem longe na Europa Central e Ocidental ao longo do século XIX. O pleno desenvolvimento foi alcançado na América no século XX. Hoje, dentro da dinâmica pluralista da sociedade americana, deve haver pouquíssimos indivíduos para os quais ser judeu tem a qualidade de um fato consumado.

Todavia, aqueles que afirmam uma versão ortodoxa, ou mesmo moderadamente ortodoxa, da identidade judaica continuam a defini-la como aquele fato. O seu problema é ter de afirmá-lo em face da evidência empírica em contrário. O ortodoxo, precisamente, define a identidade judaica como destino, ao passo que a experiência social do indivíduo a mostra como uma escolha em processo. Essa dissonância entre definição e experiência está no centro de toda ortodoxia no mundo moderno (o exemplo judeu é apenas um caso particularmente nítido de um fenômeno muito mais amplo): o ortodoxo define a si mesmo como vivendo numa tradição; é da própria natureza da tradição ser tida como dada; esse caráter dado, entretanto, é continuamente desmentido pela experiência de viver numa sociedade moderna. O ortodoxo, então, deve apresentar a si próprio como destino o que ele sabe empiricamente ser uma escolha. Essa é uma difícil proeza. E ela chega a explicar a atração exercida por movimentos tais como a vertente hassídica Chabad-Lubavitch, que constrói um *shtetl* artificial para os seus seguidores. A diferença em relação ao antigo *shtetl* é apenas esta: tudo o que o indivíduo precisa fazer para escapar desse pretenso destino judaico é sair andando e pegar o metrô. Lá fora, à espera, está o empório de estilos de vida, identidades e preferências religiosas que constitui o pluralismo americano. É difícil acreditar que esse fato empírico possa ser totalmente afastado da consciência por um indivíduo criado na América, mesmo que a sua conversão a uma existência neotradicional tenha sido intensamente fervorosa. Essa existência, consequentemente, possui uma fragilidade que é totalmente estranha a uma comunidade genuinamente tradicional.

O peso da fórmula "preferência religiosa", tão peculiarmente americana, talvez tenha agora ficado aparente. Ela contém em si mesma toda a crise na qual o pluralismo mergulhou a religião. Aponta para uma condição inerente de dissonância cognitiva – e para o imperativo herético como um fenômeno basal da Modernidade.

Para resumir o argumento até aqui: a Modernidade multiplica as escolhas e, concomitantemente, reduz o escopo daquilo que é experimentado como destino. Em matéria de religião, como de resto em outras áreas da vida e do pensamento humanos, isso significa que o indivíduo moderno defronta-se, não apenas com a oportunidade, mas com a necessidade de fazer escolhas quanto às suas crenças. Esse fato constitui o imperativo herético na situação contemporânea. Assim, a heresia, outrora ocupação de tipos marginais e excêntricos, tornou-se uma condição muito mais geral; de fato, a heresia foi universalizada.

O restante deste livro irá discutir as implicações dessa situação, tanto para compreendê-la quanto para utilizá-la como ponto de partida de uma reflexão religiosa construtiva. Deve ficar claro desde já que confrontar o imperativo herético não tem sido fácil para a mente religiosa – nem para a do fiel comum, nem para a do mais sofisticado teólogo. Em todos os níveis de sofisticação, pode-se observar um espectro de reações, indo da total rejeição da nova situação até o seu completo acolhimento. Capítulos futuros irão especificar as dificuldades, tanto da rejeição quanto do acolhimento. Pode ser uma excessiva simplificação dizer que a história da teologia cristã no Ocidente moderno tem sido o drama desse confronto com o imperativo herético, mas talvez nem tão excessiva assim. O judaísmo no Ocidente moderno passou pelo mesmo confronto de uma forma algo diferente, devido, é claro, à distinta relação entre a religião e a posição social dos judeus numa cultura predominantemente cristã. Hoje, que a modernização tornou-se um fenômeno mundial já não mais restrito à sua matriz ocidental, o confronto com o imperativo herético também passou a ser mundial. Ele pode ser observado nas discussões mais sofisticadas em, digamos, centros budistas de ensino ou centenárias universidades muçulmanas – mas também no conselho caseiro dado a aldeões analfabetos por funcionários religiosos que mal conseguem ler suas sagradas escrituras. Para dizer o mínimo, tudo isso conferiu a todas as religiões do mundo uma comunalidade de condição que deve exercer um efeito sobre a sua autocompreensão – e que deveria ter efeito sobre as suas relações umas com as outras. Este ponto também será retomado mais à frente.

2 Religião: experiência, tradição, reflexão

Quando a autoridade externa (i. é, socialmente disponível) da tradição declina, os indivíduos são forçados a se tornar mais reflexivos, a questionar-se sobre aquilo que realmente sabem e aquilo que apenas imaginavam saber ao tempo em que a tradição ainda era forte. Quase que inevitavelmente, essa reflexão compelirá os indivíduos a olhar para a própria experiência: o homem é um animal empírico (um *anima naturaliter scientifica*, se se prefere), ao ponto de sua experiência direta ser sempre a evidência mais convincente da realidade do que quer que seja. O indivíduo, digamos, acredita em X. Enquanto todos ao seu redor, incluindo os "*experts* em realidade" de sua sociedade, seguem afirmando o mesmo X, a sua crença é mantida fácil e espontaneamente por esse consenso social. Isso já não é mais possível quando o consenso começa a se desintegrar, quando "*experts* em realidade" rivais entram em cena. Mais cedo ou mais tarde, portanto, o indivíduo terá de se perguntar: "Mas eu *realmente* acredito em X? Não terá X sido uma ilusão por todo esse tempo?" E então surgirá a outra questão: "Qual, afinal, tem sido *a minha própria experiência* de X?"

A princípio, essa dinâmica cognitiva está presente em qualquer crença – ou, mais precisamente, em qualquer crença que vá além da imediata autoverificação de uma dor de dente. No capítulo anterior, argumentou-se que ela se observa, com particular nitidez, na esfera das crenças religiosas, e que, em consequência dessa dinâmica, a Modernidade produziu uma crise inerente para a religião. Segue-se que a situação moderna, com a sua enfraquecida presença da tradição religiosa na consciência dos indivíduos, deve conduzir a uma reflexão muito mais deliberada sobre o caráter e o estatuto evidencial da experiência religiosa. Foi isso que, de fato, aconteceu – primeiro, na matriz cultural ocidental da Modernidade (e com especial virulência no protestantismo, que, de todos os complexos religiosos, foi o que teve a relação mais íntima com a Modernidade), e depois, ao redor do mundo, na esteira do processo de modernização. Dizer, pois, que o enfraquecimento da tradição *deve* levar a uma nova atenção à experiência não é apenas uma proposição teórica. Antes, serve para explicar o que deveras ocorreu.

Parece óbvio entretanto que, a esta altura do argumento, o termo "experiência" requer esclarecimento. *De quem* é a experiência em questão? E *o que* é experimentado? Tal esclarecimento é o propósito deste capítulo.

Uma importante distinção deve ser feita imediatamente – aquela entre os indivíduos que Max Weber tão corretamente chamou de "virtuoses religiosos" e as demais pessoas. Há indivíduos, místicos e afins, que alegam terem tido acesso pessoal direto a realidades religiosas. Pode-se dizer que, para esses, as crenças religiosas são tão imediatamente autoverificáveis quanto uma dor de dente. Eles podem, de fato, refletir sobre a própria experiência, e alguns grandes místicos foram também grandes pensadores. Aquilo sobre o que refletem, contudo, dificilmente será a *realidade* de suas experiências religiosas, mas antes a *relação* destas com várias outras coisas (incluindo a tradição que encontram em seu meio social). O restante da humanidade acha-se em situação mais complicada. Aqueles que não são "virtuoses religiosos" tiveram, no máximo, experiências fugidias e intuitivas nessa seara, e a maioria de suas crenças religiosas fundam-se numa tradição socialmente mediada. No entanto, também eles têm uma certa vantagem: privados do tipo de experiência que leva a uma inegável convicção quanto à realidade, podem, com algum distanciamento, buscar por evidências nos relatos daqueles que alegam ter vivido tal experiência. Em outras palavras, eles têm a vantagem do dentista sobre o seu paciente em qualquer esforço para empreender uma investigação abrangente do fenômeno "dor de dente".

Assumamos, pois, que o presente argumento prossiga dentro de tal situação. Ou seja, que nem o autor nem o leitor tenham vivido o tipo de experiência que produz um senso da realidade para sempre inquestionável. (Pode-se acrescer incidentalmente que, se o autor ou o leitor, e sobretudo ambos ao mesmo tempo, pudessem alegar tais experiências, o argumento seria, ou impossível, ou desnecessário!) O processo reflexivo de um indivíduo nessa situação pode ser formulado da seguinte maneira: "Eu não vi os deuses; eles não falaram comigo; tampouco experimentei o divino dentro de mim. Devo começar meu pensamento sobre religião reconhecendo que esse fato impede quaisquer afirmações tidas por inquestionáveis, inegavelmente reais ou absolutamente certas. Em verdade, tive impressões e intuições dos deuses em minha própria experiência, e refletirei sobre elas a fim de avaliar o seu possível valor evidencial. O meu pensamento sobre religião também foi moldado pela tradição, ou tradições, dominantes em meu meio social; mais ainda, há experiências específicas que foram mediadas por essas tradições. Assim, por exemplo, algumas de minhas impressões dos deuses surgiram no curso de minha participação em rituais da minha própria tradição, ou mesmo de outras tradições com as quais topei durante a vida. Ao refletir sobre religião, tomarei as afirmações tradicionais e quaisquer experiências a elas vinculadas como evidência possível. Ademais, tenho disponíveis relatos e registros daqueles que alegam terem visto os deuses, falado com eles e experimentado o divino de maneira direta. Esses relatos e registros também constituem evidência possível. Ao reconhecer a minha situação de incerteza, vejo-me compelido a ser tão cético quanto seletivo ao lidar com a evidência. Se mantenho essa atitude, devo estar aberto à possibilidade de que minha busca termine na mesma incerteza com que começou, bem como à possibilidade de que, talvez surpreendentemente, ela resulte em certeza".

Aquela atitude, claro está, não é exclusiva do momento histórico atual: as razões pelas quais ela é singularmente adequada a este momento já foram dadas. Mas um outro ponto deve ser sublinhado: o que é praticamente único na situação moderna é a total *disponibilidade* dos acima mencionados relatos e registros sobre a multiforme experiência religiosa da humanidade. Esse é, certamente, o caso na América. Um indivíduo disposto a pagar, digamos, duzentos dólares, pode entrar em alguma das melhores livrarias do país e adquirir uma coleção de livros de bolso com boas traduções, bem como comentários, da maioria dos textos básicos das principais religiões do mundo. Se o indivíduo estiver em área metropolitana, ou próximo a uma grande universidade, é provável que, além de ler os livros adquiridos, ele encontre grupos que de fato professam aquelas religiões, ou cursos acadêmicos que as abordam de maneira mais ou menos competente. Essa situação é inédita na história. Ela oferece uma grande oportunidade para que se leve adiante a atitude antes mencionada acerca da evidência de experiências e tradições religiosas de outras pessoas. E é claro que ela também é parte inerente daquilo que designamos anteriormente como o imperativo herético da situação contemporânea: um indivíduo pode, decerto, recusar-se a comprar todos esses livros e evitar contato com as variadas expressões religiosas acessíveis em seu meio social – mas também isso seria uma escolha de sua parte.

O objetivo deste livro é explorar as possibilidades de se passar dessa situação para afirmações religiosas positivas, declarações sobre o mundo que possam, plausivelmente, ser precedidas pelas palavras "eu creio". Este projeto propõe que o imperativo herético possa ser convertido de obstáculo em auxílio, tanto à fé religiosa quanto à reflexão sobre ela. O projeto é, claro está, um ato de reflexão em si mesmo: este livro é um argumento, um exercício de reflexão religiosa, *não* um documento confessional ou guia para experiência religiosa. É especialmente importante ter em mente que a religião não é, originalmente, uma questão de reflexão ou teorização. No âmago do fenômeno religioso está a experiência pré-reflexiva e pré-teorética. O que deve ser feito agora é olhar mais de perto o conteúdo dessa experiência.

Muitas realidades

Se o fenômeno religioso é abordado com a atitude empírica recém-descrita, está claro que ele irá, ao menos inicialmente, aparecer como um fenômeno *humano*. Ou seja, se a intenção é situar o que é comumente chamado de experiência religiosa dentro de um espectro mais vasto de experiências humanas, então, ao menos enquanto a pesquisa está em andamento, todas as explicações meta-humanas do fenômeno devem ser postas entre parênteses, isoladas. Tal pesquisa não implica, em absoluto, que explicações meta-humanas sejam descartadas *a priori*, ou que o indivíduo nela entretido declare-se ateu, senão apenas que, por ora, ele respeita os limites desse tipo de investigação.

Tudo isso pode ser resumido à afirmação de que o método aqui empregado pertence à fenomenologia da religião; para o presente propósito, o termo "fenomenologia" pode ser entendido simplesmente como um método que investiga um fenômeno nos termos da maneira pela qual ele aparece na experiência humana, sem que se levante imediatamente a questão de seu estatuto último na realidade[14].

A realidade não é experimentada como um todo unificado. Antes, os seres humanos a experimentam como contendo zonas ou estratos de qualidades deveras distintas. Esse fato fundamental é o que Alfred Schutz chamou de a experiência das múltiplas realidades[15]. Por exemplo, o indivíduo experimenta uma zona de realidade ao sonhar, e uma zona bem diferente em estado de vigília. Para um outro exemplo, há uma zona de realidade na qual entramos quando de uma intensa experiência estética (digamos, "viajar" ao ouvir uma peça musical), e essa zona é bem diversa da realidade das atividades ordinárias do dia a dia. Agora, existe uma realidade com um caráter privilegiado na consciência, e é precisamente aquela de estar bem desperto na vida cotidiana e ordinária. Quer dizer, essa realidade é experimentada como *mais real*, e mais real *na maior parte do tempo*, se comparada a outras realidades experimentadas (tais como a de sonhar e viajar numa música). Por essa razão, Schutz chamou-a de realidade suprema. As outras realidades, vistas de

---

14. Em termos de abordagem fenomenológica da religião, os autores que me influenciaram são Rudolf Otto, Gerardus van der Leeuw e Mircea Eliade. Para um panorama dessa abordagem, cf. LEEUW. *Religion in Essence and Manifestation*. Londres: George Allen & Unwin, 1938. Partes do argumento neste capítulo, especificamente a conceitualização do sobrenatural e do sagrado, são tiradas de um artigo que escrevi com Hansfried Kellner, "On the Conceptualization of the Supernatural and the Sacred". In: *Dialog*, inverno/1978.

15. Cf. SCHUTZ, A. "On Multiple Realities". In: *Collected Papers*, I. The Hague: Nijhoff, 1962, p. 207ss.

suas perspectivas, aparecem como espécies de enclaves para os quais a consciência migra, e dos quais retorna, ao "mundo real" da vida cotidiana. Adequadamente, Schutz chamou-as de províncias finitas de significado; também usava um termo cunhado por William James, subuniversos.

A realidade suprema, pois, é realidade na medida em que experimentada quando se está desperto e engajado nas atividades normalmente identificadas à vida ordinária do dia a dia. Mas é também a realidade que partilhamos mais facilmente com outras pessoas. O indivíduo co-habita nela com grandes quantidades de outros seres humanos, que confirmam reiteradamente a sua existência e as suas principais características. Com efeito, é essa reiterada confirmação social que chega perto de explicar o seu *status* supremo na consciência; repetindo uma frase usada no capítulo anterior, é essa realidade que tem a estrutura de plausibilidade mais forte (em contraste com, digamos, a realidade dos sonhos e da experiência musical).

Estas não são considerações teoréticas abstrusas, mas, antes, explicações de experiências bastante comuns. Suponha-se que alguém caia no sono – talvez enquanto trabalha na mesa do escritório – e tenha um vívido sonho. A realidade do sonho começa a esmaecer assim que a pessoa retorna ao estado de vigília, quando então adquire a consciência de haver deixado momentaneamente a realidade mundana da vida cotidiana. Essa realidade mundana permanece sendo o ponto de partida e orientação, e, quando a ela se retorna, esse retorno é comumente descrito como uma "volta à realidade" – quer dizer, precisamente, uma volta à realidade suprema. Logo, do ponto de vista desta, as outras realidades são experimentadas como zonas alienígenas, enclaves, ou "buracos" dentro dela. Dizê-lo, mais uma vez, não significa fazer uma afirmação teorética sobre a constituição última do ser. Talvez, quem sabe, essa realidade mundana pode, no fim das contas, revelar-se uma ilusão. Enquanto isso, todavia, ela é experimentada desse jeito particular, na maior parte do tempo e (para usar um outro termo jamesiano) com o sotaque mais forte de realidade.

O paradoxo central da realidade suprema é que ela é *tão* massivamente real (*realissimum*) *quanto* demasiado precária. A primeira característica deve-se à forte presença de confirmação social de apoio (virtualmente todos a compartilham); a segunda, ao fato de que esses processos de suporte social são inerentemente frágeis e facilmente interrompidos – como, de fato, pelo simples acidente de cair no sono. Schutz explica-o brilhantemente ao dizer que o sotaque de realidade da vida cotidiana e ordinária aplica-se "até segunda ordem". Dito de outro modo, a realidade suprema é facilmente rompida. Assim que isso acontece, ela é imediatamente relativizada e o indivíduo vê-se, então, num mundo assaz diferente (que, aliás, é exatamente como ele deverá descrever a ocorrência).

Na maior parte do tempo, portanto, o indivíduo tem consciência de estar situado no mundo massivamente real da vida ordinária do dia a dia, junto com quase todos os seres humanos que conhece (e, destes, os poucos lunáticos ou excêntricos dificilmente perturbarão essa consciência). Mas o indivíduo também experimenta rupturas nessa realidade mundana; essas rupturas são experimentadas como limites ou fronteiras da realidade suprema. São dos mais variados tipos: algumas estão claramente baseadas em processos fisiológicos – tais como os sonhos, os estados liminares entre o sono e a vigília, as intensas sensações físicas (de dor ou de prazer), as experiências alucinatórias (como as causadas pelo uso de drogas). No entanto, a realidade suprema também pode ser rompida em experiências que parecem desprovidas de qualquer base fisiológica – como as experiências de abstração teorética (como quando o mundo "dissolve-se" nas abstrações da física teórica ou da matemática pura), as experiências estéticas, ou a experiência do cômico. Ao passar por essa experiência de ruptura, o indivíduo vê-se subitamente fora do espaço mundano, que agora lhe parece falho, absurdo e até ilusório. O seu sotaque de realidade de repente diminui ou desaparece. Assim, todas essas experiências de ruptura têm o caráter de extáticas, no sentido literal de *ekstasis*, de "estar alheio" ao mundo ordinário. Tal qualidade extática está presente em sonhos, no subuniverso de uma piada e em todas as experiências de "perder-se do mundo" – seja num orgasmo, na música de Mozart ou nas inebriantes abstrações da Teoria Quântica.

De dentro da experiência de qualquer uma dessas rupturas extáticas, o mundo ordinário não apenas é relativizado, como parece ter agora uma qualidade previamente despercebida. Isso poderia ser descrito pelo termo alemão *Doppelbödigkeit*; o termo deriva do teatro, e significa literalmente "ter dois pisos". O mundo ordinário, antes percebido como massivo e coeso, agora é visto como tenuamente mantido, qual um cenário de papelão, cheio de furos, a ponto de colapsar na irrealidade. Ademais, por trás dos recém-revelados furos no tecido deste mundo, surge agora *uma outra realidade*. Compreende-se então que essa outra realidade sempre esteve ali – em "outro piso", por assim dizer. Em outras palavras, a experiência de *Doppelbödigkeit* não somente revela uma nova realidade não familiar, como lança nova luz sobre a realidade familiar da experiência ordinária[16].

---

16. A frase "uma outra realidade" é, certamente, schutziana. Na minha opinião, contudo, o tratamento mais virtuosístico dessa categoria encontra-se numa obra de ficção, o grande romance *O homem sem qualidades*, de Robert Musil. Eu discuti o assunto no artigo "The Problem of Multiple Realities: Alfred Schutz e Robert Musil".

Pode-se ter essa experiência em graus muito diversos. Há, na realidade do mundo ordinário, abalos leves facilmente descartados: "Isso foi só um sonho ruim"; ou, "só me sinto assim por conta desta maldita dor de dente"; ou, "Ah, sim, você só estava brincando". Mas há também graves choques na realidade suprema, com consequências para a consciência que permanecem mesmo após havermos voltado ao mundo da vida ordinária do dia a dia: "Eu jamais esquecerei de como ficou o mundo quando eu tomei LSD"; ou, "Desde os meus 30 anos, eu desenvolvi um senso de humor que me faz ver a vida de modo muito diferente"; ou, "A vida nunca mais foi a mesma desde a morte da minha mãe". Além do mais, há diferentes avenidas pelas quais um indivíduo chega a ter experiências de ruptura da realidade. Alguns tentam chegar lá mediante esforços deliberados – usando drogas, por exemplo, ou cultivando certos tipos de experiência estética, ou mesmo embarcando numa aventura física (escalar o Monte Everest, digamos) com o expresso propósito de mudar o seu senso de vida. Outras experiências de ruptura da realidade são involuntárias. Experiências de doença ou morte são raramente buscadas, mas o desenvolvimento de um senso de humor na meia-idade também pode ser inesperado. O que todas essas experiências têm em comum é o fato de abrirem realidades que estão, literalmente, "além deste mundo" – ou seja, além do mundo da existência ordinária e rotineira. A princípio, cada uma dessas "outras realidades" pode ser descrita, embora qualquer tentativa de descrição peque pelo fato de que a linguagem

---

In: NATANSON, M. (ed.). *Phenomenology and Social Reality*. The Hague: Nijhoff, 1970, p. 213ss. Uma abordagem comparável (embora, a meu ver, menos rica que a de Musil) encontra-se no famoso episódio do êxtase na casa de chá em *No caminho de Swann*, de Proust. Sobre isso, cf. ZAEHNER, R.C. *Mysticism*: Sacred and Profane. Londres: Oxford University Press, 1961, p. 52ss.

tem suas raízes na experiência mundana. Daí por que todas as "outras realidades", de uma dor de dente até a música de Mozart, sejam "difíceis de comunicar" (e, é claro, virtualmente impossíveis de descrever para alguém que não tenha tido experiência similar).

A religião como experiência

Nenhuma das mencionadas experiências de ruptura da realidade seria comumente chamada de religiosa. A omissão foi deliberada, pois o propósito do presente argumento é *situar* as experiências ditas religiosas dentro de um espectro mais amplo de experiências humanas. Empiricamente falando, o que se costuma chamar de religião envolve um agregado de atitudes, crenças e ações humanas em face de dois tipos de experiência – a experiência do sobrenatural e a experiência do sagrado. O caráter de ambas deve ser agora determinado.

A experiência do sobrenatural é uma "outra realidade" específica do tipo descrito há pouco[17]. Da perspectiva da realidade ordinária, é claro, ela também tem a qualidade de uma província finita de significado da qual "retornamos à realidade" – ou seja, ao mundo da vida cotidiana. Um aspecto crucial do sobrenatural, em contraste com outras províncias finitas de significado, é

---

17. Escusado dizer que o termo "sobrenatural" possui algumas associações infelizes. Nos termos da teologia recente, ele ainda é associado a uma posição violentamente reacionária e antimoderna (como na chamada escola sobrenaturalista da teologia católica romana no século XIX). Por outra, ele também parece sugerir uma radical desvalorização do mundo natural, desvalorização que, em suas implicações, pode ser considerada mais gnóstica ou maniqueia do que judaico-cristã. A busca por um termo alternativo impõe-se por si mesma. A minha própria busca não foi bem-sucedida. "Sagrado" não serve, por razões desenvolvidas no presente argumento. "Transcendente", que usei alhures, é bem melhor, mas encerra associações quase tão enganosas (nesse caso, mais filosóficas que teológicas). Aqui, empaco novamente no "sobrenatural", *"faute de mieux"*. Só posso esperar que uma precisa delineação do meu próprio uso do termo sirva, ao menos, para mitigar mal-entendidos. A ênfase na "alteridade", claro está, deriva do *"totaliter aliter"* de Otto, com a diferença que eu atribuo tal qualidade não apenas ao sagrado, mas também ao sobrenatural.

a sua qualidade radical. A realidade dessa experiência, o mundo do sobrenatural, é radicalmente, arrebatadoramente, *outro*. O que temos é um mundo completo em confronto com o mundo da experiência mundana. Ademais, quando visto da perspectiva desse outro mundo, o mundo da experiência ordinária é visto agora como uma espécie de *antecâmara*. O estatuto de enclave, ou província finita de significado, é, pois, radicalmente transposto: o sobrenatural já não é mais um enclave dentro do mundo ordinário; ao contrário, o sobrenatural paira sobre, "assombra", chega a envolver o mundo ordinário. Já emerge a convicção de que a outra realidade aberta pela experiência é o verdadeiro *realissimum*, a realidade última, em comparação com a qual a realidade ordinária desbota ao ponto da insignificância.

Deve-se enfatizar que a experiência do sobrenatural abre o horizonte de um mundo vasto e coeso. Esse outro mundo é concebido como tendo estado sempre lá, ainda que antes não fosse percebido, e ele se impõe sobre a consciência como uma realidade inquestionável, uma força que conclama a entrar. O mundo do sobrenatural é percebido como estando "lá fora", possuindo uma realidade irresistível, independente de nossa própria vontade, e tal caráter massivamente objetivo é o que contesta o velho estatuto de realidade do mundo ordinário.

A qualidade radical da experiência do sobrenatural manifesta-se ainda em sua organização intrínseca. Há o senso da presença de *insights* assombrosos e totalmente certeiros. A imagem de uma passagem súbita das trevas à luz é recorrente nos relatos da experiência. Dentro desta, as categorias da existência ordinária são transformadas, especialmente as de tempo e espaço. Frequentemente, o sobrenatural é concebido como situado numa dimensão espaçotemporal distinta. Em termos de símbolos espaciais, ele pode ser localizado "lá em cima", em contraste com o "aqui embaixo" da existência terrena[18]. Em termos de símbolos temporais, ele pode ser situado num tempo diverso, tal como a linguagem bíblica distingue entre "este *aeon*" e o "*aeon* que virá"[19]. Pode haver, nesse contexto, consequências importantes à escolha entre símbolos espaciais e temporais (como estudiosos bíblicos têm insistido com frequência). Mas, para o presente propósito, essa escolha não é decisiva. *Ambas* as formas de expressão simbólica apontam para uma mesma experiência subjacente – aquela em que as categorias da realidade ordinária são radicalmente contestadas, explodidas, *aufgehoben*.

A experiência do sobrenatural também transforma a percepção de si e dos outros. Dentro da experiência, encontramos a nós mesmos de uma maneira radicalmente nova e putativamente decisiva, numa revelação de nosso "verdadeiro eu". Isso implica inevitavelmente uma diferente percepção dos outros seres humanos e de nossa relação com eles. Muito frequentemente, isso envolve um senso de intensa conexão ou amor. Finalmente, a experiência costuma (embora nem sempre) suscitar encontros com outros seres inacessíveis na realidade ordinária. Esses podem ser os "verdadeiros eus" de outros homens ou de animais, ou as "almas" dos mortos, ou criaturas sobrenaturais sem forma corpórea no mundo ordinário. Em

---

18. A contraposição entre "lá em cima" e "aqui embaixo" é um tema recorrente na obra de Eliade.

19. A predominância do simbolismo temporal sobre o espacial na Bíblia tem sido bastante reforçada na teologia recente (como, p. ex., por Rudolf Bultmann e Oscar Cullman). Assim, alguns argumentam que o radical simbolismo temporal e escatológico do Novo Testamento ("este *aeon*" contraposto ao "*aeon* que virá") foi mais tarde "espacializado" pelo pensamento cristão helenisticamente influenciado. Essa é, muito provavelmente, uma interpretação histórica correta. A minha objeção é que ela não deve ser elevada ao *status* de critério cognitivo. Em outras palavras, embora possa ser assaz correto que os hebreus estivessem obcecados com o tempo e os gregos, com o espaço, o importante a ser compreendido é que ambas as simbolizações se referem a uma transcendência da realidade espaçotemporal ordinária.

outras palavras, o outro mundo revelado na experiência do sobrenatural é normalmente um mundo *habitado*, e o encontro com esses "habitantes" será, nesses casos, um aspecto importante da experiência.

Ficará claro a partir do que precede que a história da religião deve servir como fonte principal para uma descrição da experiência do sobrenatural. É ainda mais importante sublinhar que essa experiência não é coextensiva ao fenômeno da religião, ou, no caso, ao que se costuma chamar de misticismo. Uma breve palavra sobre definições é necessária aqui. Religião, para o presente propósito, pode ser definida como uma atitude humana que concebe o cosmos (incluindo o sobrenatural) como uma ordem sagrada[20]. Os componentes dessa definição, é claro, podem ser mais elaborados, mas este não é o lugar para fazê-lo. O que se deve ressaltar aqui, todavia, é que a categoria de sagrado é central a essa definição – ao ponto de que, na verdade, a religião também possa ser definida mais simplesmente como uma atitude humana em face do sagrado. Esta última categoria, contudo, não está necessariamente vinculada ao sobrenatural. Logo, os seres humanos assumiram atitudes que podem propriamente ser descritas como religio-

---

20. Nesta definição, o elemento-chave "atitude humana" expressa um impulso empírico básico (que, mais à frente neste capítulo, será identificado com a opção indutiva). É claro que isso está relacionado à minha própria bagagem como cientista social, mas eu não acho que tal bagagem seja necessária para aceitar a utilidade desse ponto de partida definicional. Ele implica simplesmente que, por motivos de compreensão, a religião é vista dentro de um campo de referência empírico, e que, enquanto permanecemos nesse campo, a religião só pode aparecer como um fenômeno *humano*. Isso *não* significa que, dentro de um campo de referência distinto, o que antes aparecia como humano possa agora ser visto como uma resposta a realidades mais do que humanas. Pode-se ainda dizer que a relação própria entre esses dois campos de referência é um problema central de qualquer abordagem indutiva da religião que pretenda passar do empirismo a qualquer tipo de afirmação teológica. A ênfase no "cosmos" deriva de Eliade, embora Durkheim forneça uma amplificação sociológica útil de tudo o que está incluído em tal "cosmologia". O termo "sagrado" é usado no sentido de Otto, ainda que modificado por sua contraposição ao "sobrenatural" (conforme já explicado).

sas (como em rituais, respostas emocionais e crenças cognitivas) acerca de entidades definitivamente mundanas, mas por eles concebidas como sagradas – tais como várias entidades sociais, do clã ao Estado-nação. Por outro lado, é possível aos seres humanos confrontar experiências sobrenaturais numa atitude definitivamente não religiosa, de modo profano antes que sagrado – tal como foi sempre o caso dos mágicos e, hoje, dos pesquisadores em parapsicologia. O sobrenatural e o sagrado são fenômenos aparentados e, historicamente, pode-se presumir que este tenha raízes naquele. Mas é muito importante mantê-los analiticamente distintos. Uma maneira de conceber a sua relação é pensar no sobrenatural e no sagrado como dois círculos superpostos, mas não coincidentes, da experiência humana.

O misticismo é, de novo, uma fonte importante para relatos sobre a experiência do sobrenatural – mas não é a única. O misticismo pode ser definido como um atalho para o sobrenatural mediante a imersão nas "profundezas" da própria consciência de um indivíduo[21]. Dito de outro modo, o místico encontra o sobrenatural dentro de si mesmo, como uma realidade que coincide com os recantos mais íntimos de seu próprio Eu. Há, todavia, experiências demasiado distintas do sobrenatural – a saber, experiências dentro das quais o sobrenatural é percebido como externo, e possivelmente até antagônico, ao Eu ou à consciência do indivíduo. Um ponto importante é que o misticismo foi sempre um fenômeno marginal nas tradições religiosas derivadas da Bíblia. Embora tenham havido erupções de misticismo nessas tradições, o judaísmo, o cristianismo e o Islã são, *au fond*, religiões não místicas, nas quais o sagrado é encontrado pelo in-

---

21. Sobre a definição de misticismo, cf. ZAEHNER. Op. cit.

divíduo fora, antes que dentro, de si mesmo[22]. Em contrapartida, há formas de misticismo que não envolvem qualquer atitude religiosa[23]. Portanto, também o misticismo pode ser percebido como um fenômeno que intersecta, mas não pode ser equacionado com, a experiência do sagrado.

A descrição clássica da experiência do sagrado é a de Rudolf Otto, e não é preciso elaborá-la aqui[24]. Mas duas características centrais, e algo paradoxais, devem ser enfatizadas: o sagrado é experimentado como sendo totalmente outro (*totaliter aliter*); ao mesmo tempo, ele é experimentado como sendo de significado imenso e, de fato, redentor para os seres humanos. Tanto a alteridade meta-humana quanto o significado humano do sagrado são intrínsecos à sua experiência; no entanto, essas duas características mantêm-se inevitavelmente numa certa tensão uma para com a outra. Essa tensão provavelmente subjaz ao que Otto chama de o *mysterium fascinans* do sagrado, que leva a uma curiosa ambivalência na atitude religiosa – ambivalência de atração e fuga, de ser tragado pelo sagrado e dele querer distância. Visto da perspectiva do indivíduo, o sagrado lhe é algo enfaticamente outro, ao mesmo tempo em que o afirma no centro mesmo de seu ser e o integra dentro da ordem do cosmos. O misticismo é, incidentalmente, a solução mais radical dessa ambivalência, como quando esta é negada na afirmação da unidade última entre o Eu e o cosmos. Mas mesmo essa solução não é facilmente alcançada, tal como demonstra amplamente a literatura mundial sobre o misticismo.

---

22. De novo, há uma vasta literatura especializada demonstrando a qualidade não mística da religião bíblica. Essa demonstração deve ser aceita *in toto* em nível de interpretação histórica, sem necessariamente fazer dessa qualidade não mística um critério cognitivo. Afinal, é possível que os hebreus tenham deixado passar algo lá atrás!
23. Sobre o misticismo não religioso ("profano"), novamente cf. ZAEHNER. Op. cit.
24. Essa descrição do sagrado é quase completamente derivada de OTTO, R. *The Idea of the Holy*. Nova York: Oxford University Press, 1950.

Em suma: tanto o sobrenatural quanto o sagrado são experiências humanas específicas, passíveis de serem descritas (dentro de certas limitações da linguagem) e delineadas contra outros tipos de experiência. Ambos podem ser especialmente delineados por contraste à realidade da vida ordinária do dia a dia. Com efeito, essencial a ambos é a ruptura entre esta realidade mundana e as outras realidades para as quais as experiências do sobrenatural e do sagrado parecem prover uma abertura. Parece ainda que a experiência do sobrenatural é a mais fundamental das duas. Originalmente, o sagrado era uma manifestação dentro da realidade do sobrenatural. Mas mesmo quando o sagrado é apartado de sua matriz sobrenatural original, um eco mais que débil deste último parece persistir. Assim, até o homem moderno, na medida em que foi "emancipado" do sobrenatural, é capaz de admirar-se com as entidades mundanas tidas por sagradas (tais como, p. ex., o Estado-nação, ou o movimento revolucionário, ou mesmo a ciência), ao ponto de a realidade da vida ordinária parecer-lhe rompida.

A religião como tradição

Nunca é demais enfatizar que no centro do fenômeno religioso está um conjunto de experiências altamente distintas. Subsumindo o que antes foi dito acerca do sobrenatural e do sagrado sob o termo comum "experiência religiosa", é desta que todas as religiões originalmente derivam. A experiência religiosa, contudo, não é universal e igualitariamente distribuída entre os seres humanos. Além do mais, mesmo aqueles indivíduos que viveram a experiência, com o seu senso de imperiosa certeza, têm dificuldades de manter a sua realidade subjetiva ao longo do tempo. Por consequência, a experiência religiosa costuma vir corporificada em tradições, que fazem a mediação com aqueles que não a experimentaram por si próprios, e que a institucionalizam para todos.

A corporificação das experiências humanas em tradições e instituições não é, decerto, peculiar à religião. Ao contrário, trata-se de um aspecto geral da existência humana, sem o qual a vida social não seria possível[25]. O caráter especial da experiência religiosa, todavia, cria um bocado de problemas. O primeiro deles é o fato básico de que a experiência religiosa rompe a realidade da vida ordinária, ao passo que todas as tradições e instituições são estruturas *dentro* da realidade da vida ordinária. Inevitavelmente, essa tradução dos conteúdos experimentados de uma realidade a outra tende à distorção. O tradutor começa a gaguejar, parafrasear, excluir ou acrescentar coisas. O seu dilema é o do poeta entre burocratas, ou o de quem queira falar sobre o seu amor em uma reunião de negócios. Esse problema estaria lá mesmo se o tradutor não tivesse outra motivação além do desejo de contar a sua experiência para aqueles que não a tiveram. Nesse caso, entretanto, há razões ulteriores de um tipo bem específico – notadamente, os motivos daqueles que adquiriram um interesse próprio na credibilidade e na autoridade da tradição incorporada à tradução.

A experiência religiosa pressupõe a sua própria autoridade, seja na majestade do chamado divino nas religiões reveladas, ou no arrebatador senso íntimo da realidade no místico. Como a experiência vem corporificada numa tradição, a autoridade acaba sendo transferida a esta. Com efeito, a própria qualidade do sagrado é transferida do que *então* se experimentava (Deus, deuses ou quaisquer outras entidades sobrenaturais) em outra

---

25. Sobre tradição e institucionalização, cf. BERGER, P.L. & LUCKMANN, T. *The Social Construction of Reality*. Garden City, NY: Doubleday, 1966.

realidade para o que *agora* se experimenta na realidade mundana da vida ordinária. Dessa maneira, aparecem rituais sagrados, livros sagrados, instituições sagradas e funcionários sagrados dessas instituições. O inexprimível agora é expresso – e expresso *rotineiramente*. O sagrado tornou-se uma experiência habitual; o sobrenatural foi, de certo modo, "naturalizado".

Uma vez que a experiência religiosa se torna um fato institucionalizado dentro da vida social normal, a sua plausibilidade é mantida pelos mesmos processos que tornam plausível qualquer outra experiência. Tais processos são, essencialmente, os de consenso social e controle social: a experiência é crível porque todo mundo diz que é, ou age como se fosse, e porque graus vários de dissabores impor-se-iam sobre aqueles que o negassem. Isso constitui obviamente uma vasta mudança na localização da experiência na consciência do indivíduo. Assim, por exemplo, Maomé aceitou a verdade do Corão porque veio a ele mediante vozes estrondosas cuja realidade era inegável, na assim chamada Noite de Glória: "Sabei que revelamos o Corão na Noite de Qadr [Glória]. O que te fará entender o que é a Noite de Qadr? A Noite de Qadr é melhor do que mil meses. Nela descem os anjos e o Espírito (Anjo Gabriel), com a anuência do seu Senhor, para executar todas as Suas ordens. [Ela] é paz, até o romper da aurora"[26]. Deixemos aqui de lado a questão de como Maomé manteve a realidade daquela experiência em sua própria mente depois que o dia nasceu e as vozes calaram. Mas o que dizer do muçulmano comum hoje, mil e trezentos anos depois? Ou, ainda, o muçulmano comum de uma centena, ou até dezena, de anos mais tarde? Visitas angélicas já eram raras na época, e

---

26. Sura 97. In: *The Koran*. Harmondsworth/Middlesex: Penguin Books, 1956, p. 27 [trad. N.J. Dawood].

tornaram-se notavelmente raras desde então. Ainda assim, não há grande mistério sobre a questão: o muçulmano comum de hoje, e por séculos, aceita a verdade do Corão porque vive em um meio social no qual essa aceitação é um fato rotineiro da vida social. Empiricamente falando, a autoridade do Corão e de toda a tradição muçulmana repousa agora sobre essa fundação social.

Essas considerações poderiam ser facilmente entendidas como implicando um radical anti-institucionalismo, segundo o qual toda a vida social é rejeitada como fraude ou ficção[27]. Isso seria um mal-entendido, tanto em geral quanto em referência à religião na sociedade. A inserção do supramundano na realidade mundana distorce-a inevitavelmente, mas é graças a tal distorção que até mesmo um pálido eco da experiência original pode ser mantido em meio ao ruído enfadonho da vida cotidiana. A questão poderia ser colocada nestes termos: *Como as vozes noturnas dos anjos podem ser lembradas na sóbria luz do dia da vida ordinária?* Toda a história da religião dá uma resposta inequívoca: *Incorporando a memória em tradições que reivindicam autoridade social.* Escusado dizer, isso torna frágil a memória, vulnerável à mudança social, e especificamente vulnerável às mudanças que enfraqueçam a autoridade da tradição. Mas não há outra via para que os *insights* da experiência religiosa sobrevivam no tempo – ou, para usar a linguagem religiosa, para que sobrevivam naqueles intervalos de tempo nos quais os anjos estão em silêncio.

---

27. Esse anti-institucionalismo é característico do existencialismo moderno, que, ao menos a esse respeito, insere-se numa longa linha de radicalismos religiosos. Eu mesmo tendi a essa posição em trabalhos anteriores sobre religião e sociedade em geral (tal como em *The Precarious Vision*, 1961, e *Invitation to Sociology*, 1963). Eu não rejeitaria totalmente o que escrevi ali sobre a sociedade como "ficção" ou as qualidades beatíficas do "êxtase individual", p. ex. Olhar para o mundo desse jeito serve para mostrar (e "desvelar") algumas características importantes da religião institucionalizada, e, de fato, das instituições em geral. Mas ele também exagera essas características, levando a uma visão individualista e enviesada (e *ipso facto* menos do que sociologicamente adequada) da existência humana.

Uma tradição religiosa, sejam quais forem as instituições que à volta dela emergiram, existe como fato na realidade ordinária do dia a dia. Ela intermedeia a experiência de uma outra realidade, tanto para aqueles que nunca a vivenciaram quanto para aqueles que, a tendo vivido, correm sempre o risco de esquecê-la. Toda tradição é uma memória coletiva[28]. A tradição religiosa é uma memória coletiva daqueles momentos nos quais a realidade de um outro mundo irrompe na realidade suprema da vida cotidiana. Mas a tradição não apenas intermedeia a experiência religiosa: ela também a *domestica*. Por sua própria natureza, a experiência religiosa é uma constante ameaça à ordem social – não apenas no sentido desse ou daquele *status quo*, mas no sentido mais básico de administrar a vida. A experiência religiosa relativiza radicalmente, se é que não desvaloriza de todo, as preocupações ordinárias da vida humana. Quando os anjos falam, os negócios da vida empalidecem e caem na insignificância, até mesmo na irrealidade. Se os anjos falassem o tempo todo, a administração da vida provavelmente cessaria por completo. Nenhuma sociedade poderia sobreviver na postura fixa do encontro com o sobrenatural. Para que a sociedade sobreviva (ou seja, para que os seres humanos sigam vivendo), os encontros devem ser limitados, controlados, circunscritos. Essa domesticação da experiência religiosa é uma das funções sociais e psicológicas mais importantes das instituições religiosas. Assim, a tradição religiosa é também um mecanismo de defesa da realidade suprema, guardando suas fronteiras contra a ameaça de ser varrida pelas incursões do sobrenatural.

---

28. O termo é de Maurice Halbwachs. Cf. o seu *Les cadres sociaux de la mémoire*. Paris: Presses Universitaires de France, 1952.

A tradição religiosa afasta aquelas noites gloriosas que, de outro modo, poderiam engolir a totalidade da vida. Seja como for, a experiência religiosa é perigosa. Os seus perigos são reduzidos e rotinizados mediante a institucionalização. O ritual religioso, por exemplo, reserva os encontros com a realidade sagrada a certas épocas e locais, colocando-os sob o controle de funcionários tipicamente prudentes. Da mesma forma, o ritual religioso libera o restante da vida do fardo desses encontros. Graças ao ritual religioso, o indivíduo pode agora lidar com seus afazeres ordinários – transar, guerrear, subsistir, enfim – sem ser constantemente interrompido por mensageiros do outro mundo. Olhar desse modo para o tema torna compreensível a raiz latina da própria palavra "religião", qual seja *relegere* – "ser cuidadoso". A tradição religiosa é a administração cuidadosa de uma experiência humana altamente perigosa[29]. No mesmo processo de domesticação, as qualidades sagradas da experiência podem ser transpostas para entidades não sobrenaturais – primeiro, para as instituições religiosas elas mesmas; depois, para outras instituições (tais como o Estado, a nação, e assim por diante).

Toda experiência humana passível de ser comunicada e preservada no tempo deve ser expressa em símbolos[30]. A experiência religiosa não é exceção. Tão logo o conteúdo dessa experiência seja comunicado por meio da linguagem, ele é incluído (ou, se se prefere, aprisionado) em um corpo simbólico específico, com uma história e uma localização social. Assim, a língua árabe do Corão não caiu do céu (pelo menos até onde pode determinar o historiador empírico ou o cientista social).

---

29. Essa interpretação foi consagrada na Teoria da "Rotinização do Carisma", de Max Weber, mas ela tem aqui um escopo bem mais amplo.
30. Sobre símbolos, cf. SCHUTZ. Op. cit., p. 287ss.

Ao contrário, ela tem uma história particular, que moldou decisivamente o seu caráter e a sua capacidade de simbolizar a experiência. Também Maomé, enquanto ser humano, foi moldado por sua língua, bem como por sua localização num contexto social particular (de religião, de classe, de clã etc.). Com o primeiro relato de sua experiência, portanto, os múltiplos efeitos de seu uso da língua árabe afetaram crucialmente o processo de comunicação. Isso *não* significa que o aparato simbólico disponível a Maomé determinou integralmente a sua habilidade de recontar a experiência. Ao contrário, tudo evidencia que Maomé fosse um mestre da língua, adaptando maximamente a linguagem existente às necessidades de sua comunicação, tanto que, de fato, o Corão exerceu por si mesmo uma grande influência sobre o desenvolvimento da língua árabe. No entanto, pode-se estar certo de que, mesmo assumindo ter sido a experiência central de Maomé alheia a qualquer tempo e espaço humanos, a sua comunicação teria sido assaz diversa se, em lugar do árabe, fora glosada em sânscrito ou em chinês. Essa premissa pode ser precisada se dissermos que a relação entre a experiência religiosa e o aparato simbólico que a comunica (e a corporifica numa tradição) é dialética – ou seja, a experiência religiosa e o aparato simbólico determinam-se mutuamente.

Uma vez compreendido, esse fato essencialmente simples exclui interpretações enviesadas sobre o processo de comunicação religiosa. Por outro lado, ele exclui também a visão (ainda mantida, p. ex., por muçulmanos ortodoxos) segundo a qual uma mensagem religiosa pode dominar totalmente o corpo de simbolismo pelo qual ela é comunicada. Dito de outro modo, a "inspiração literal" é impossível, no mínimo porque a linguagem de qualquer tradição religiosa é uma linguagem *humana* – produto de uma história humana e portadora de uma vasta coleção de memórias humanas, a maioria das quais não tendo nada a ver com religião. Em compensação, contudo, o mesmo fato exclui a visão oposta segundo a qual a experiência religiosa *não é nada mais* do que um reflexo dessa história particular. Essa visão, é claro, foi expressa na noção de "projeção" de Feuerbach, que então se tornou tão importante nos desdobramentos que teve com Marx e Freud. Ela tem um núcleo de validade muito útil: precisamente porque a experiência religiosa é corporificada em símbolos humanos, ela pode ser percebida como uma vasta simbolização, "projetando" *ipso facto* todas as experiências humanas (incluindo as de relações de poder e sexualidade) que produziram historicamente o aparato simbólico em questão. Mas isso é olhar apenas para um lado do fenômeno. Como Maomé disse acerca dos anjos, ele "projetou" a língua árabe, com toda a sua bagagem de significados sócio-históricos, até o céu. Mas só o fez porque o que antes ocorrera fora a sua experiência segundo a qual, desde aquele céu, uma realidade totalmente diferente *projetou-se* na realidade mundana em que todos falavam árabe. Dito de outro modo: *a religião pode ser compreendida como projeção humana porque é comunicada por símbolos humanos. Mas essa própria comunicação é motivada por uma experiência na qual uma realidade meta-humana é injetada na vida humana.*

Uma parte importante de qualquer tradição religiosa é o desenvolvimento de reflexão teórica. Isso pode assumir a forma da criação de edifícios teoréticos de vasto escopo e sofisticação, como nas assim chamadas grandes religiões mundiais; ou a reflexão pode ser incorporada em corpos de mitos, lendas e máximas relativamente grosseiros. Bem ao contrário do fato antropológico básico de que o homem é um animal reflexivo, aparentemente compelido por sua natureza interior a refletir sobre a própria experiência, uma tradição religiosa deve desenvolver o pensamento reflexivo devido à exigência social da legitimação: cada nova geração deve ter ciência do porquê de as coisas serem o que são conforme a tradição[31]. Como a tradição prossegue no tempo, portanto, cresce com ela um corpo de relatos e interpretações mais ou menos autorizados da experiência original (seja ou não codificada em escrituras sagradas). É essencial à tarefa de compreender a religião que esse agregado de reflexão teórica seja distinguido da experiência original que o suscitou. Quem quer que tenha um mínimo grau de contato com a literatura religiosa sabe que isso nunca é fácil, sendo por vezes impossível. Um exemplo clássico dessa dificuldade é a assim chamada busca pelo Jesus histórico, o problema de revelar "o que realmente ocorreu" na Galileia e em Jerusalém durante aqueles dias – ou seja, revelar o núcleo empírico subjacente ao revestimento das interpretações cristãs posteriores (que, é claro, já se espalham por cada página do Novo Testamento). Ao mesmo tempo, a distinção entre experiência religiosa e reflexão religiosa é crucial. Caso contrário, dá-se um dentre dois equívocos possíveis: ou bem o efeito inevitavelmente distorcivo da reflexão é negligenciado, ou bem o estudo da religião converte-se numa história de teorias ou "ideias".

Para resumir as considerações acima, a corporificação da experiência religiosa em tradições e o desenvolvimento da reflexão teórica sobre a experiência original devem ser ambos entendidos como inevitáveis e inevitavelmente distorcivos. Esta é uma dificuldade; mas é também uma oportunidade, pois abre a possibilidade de retroceder, tanto quanto possível, ao núcleo da experiência ela mesma. Isso é particularmente importante para quem se utiliza das modernas disciplinas da história e das

---

31. Sobre legitimação, cf. BERGER & LUCKMANN. Op. cit., p. 85ss.

ciências sociais para compreender a religião. Tais disciplinas são profundamente relativizadoras em seu efeito – uma tradição é entendida como produto de múltiplas causas históricas, uma teologia, como corolário desse ou daquele conflito socioeconômico, e assim por diante. Mais de uma vez, ao longo dos últimos duzentos anos ou mais de literatura sobre religião, o fenômeno religioso pareceu de fato desaparecer sob essas relativizações. É tanto mais útil lembrar que a experiência religiosa é uma constante na história humana. Novamente nos dizeres do Corão: "Não há nação que não tenha sido alertada por um apóstolo"[32]. Para além de todas as relatividades da história e da realidade mundana enquanto tal, é essa experiência fundamental, em suas várias formas, que deve constituir o objetivo final de qualquer pesquisa sobre o fenômeno religioso. Esse objetivo nunca pode ser plenamente atingido, tanto pela natureza da evidência empírica quanto pela própria situação do pesquisador dentro de relatividades sócio-históricas específicas. O objetivo pode, no máximo, ser tangenciado. Mas isso não deveria ser um álibi para nem ao menos tentá-lo.

De novo: a situação moderna

Por razões discutidas com algum detalhe no capítulo anterior, a situação moderna não conduz à plausibilidade da autoridade religiosa. Com os seus intimamente associados aspectos de pluralismo e secularização, a situação moderna impõe o que poder-se-ia chamar de uma pressão cognitiva sobre o pensador religioso. Na medida em que a visão de mundo secular da Modernidade domina o seu contexto social, o pensador religioso é pressionado a atenuar, quando não a abandonar integralmente,

---

32. Sura 35: 24 [sempre na tradução de Dawood].

os elementos sobrenaturais de sua tradição. Nisso, é claro, ele não está sozinho; ele partilha essas pressões com todos os homens modernos – intelectuais e não intelectuais, pessoas ainda adeptas de uma tradição religiosa e outras que já não o são. A evidência não é conclusiva quanto ao que isso significa para a experiência religiosa em si – ou seja, para a experiência que antecede a reflexão. Há duas hipóteses possíveis: a primeira, que os homens modernos de fato careçam da experiência, ou, no mínimo, que a vivenciem com muito menos frequência do que em tempos idos. A segunda, que, tanto quanto sempre foram os homens, os modernos também sejam suscetíveis à experiência, optando apenas, em decorrência de sua deslegitimação pela visão de mundo corrente, por escondê-la ou negá-la (quer para si, quer para os outros). Seja qual for a hipótese mais provável, fica claro que nem a experiência religiosa, nem a religiosa reflexão têm lugar na situação moderna com a facilidade que tinham em períodos históricos anteriores.

Em vista da universalidade e da centralidade da experiência religiosa em todas as épocas anteriores da história, também fica claro que tal supressão ou negação tiveram efeitos cataclísmicos. Estes foram eloquentemente apreendidos na fórmula de Nietzsche, "a morte de Deus". E, tal como por ele afirmado, um mundo no qual Deus morreu é um mundo mais frio. Esse frio trouxe custos psicológicos tanto quanto sociais. Nas palavras de Nietzsche: "Como fomos capazes de beber o mar? Quem nos deu a esponja com a qual apagar o horizonte? Que fizemos nós, quando apartamos a Terra de seu sol? Onde ela se move agora? Onde nos movemos nós? Alheios a todos os sóis? Não caímos perpetuamente? Para frente, para os lados, para trás, em todas as direções? Haverá ainda um acima e um abaixo? Não vagamos nós através de uma infinidade de nada? Não nos assombra o espaço vazio? Ele não se tornou frio?"[33] Escusado dizer que a maioria dos homens modernos não experimentou o desaparecimento do divino de modo assim tão violento. Para cada Nietzsche ou Dostoiévski há mil agnósticos mais ou menos adaptados, mil ateístas mais ou menos dominados pela *Angst*. Ao mesmo tempo, o homem moderno está mais solitário no mundo em função do desaparecimento/negação da experiência religiosa. E as sociedades e instituições modernas também estão mais "solitárias" – no sentido de desprovidas das confiáveis legitimações desde sempre fornecidas pelos símbolos sagrados derivados da experiência religiosa. Em consequência, a história da secularização tem sido também aquela dos deslocamentos e ressurgimentos desses símbolos sagrados. Porque o homem acha muito difícil estar sozinho no cosmos, seja como indivíduo ou como membro de coletividades, o sagrado foi transposto do sobrenatural para referentes mundanos. Assim, por exemplo, o nacionalismo secular árabe foi dotado de uma sacralidade já não mais plausível em seu contexto muçulmano original. Mas também tem havido reações violentas contra a secularidade repressiva do mundo moderno, numa variedade de reafirmações da autoridade religiosa. Destarte, o mundo islâmico tem sido o cenário de poderosos movimentos revivalistas, todos reafirmando a autoridade do Islã em face de seus desafios contemporâneos. Não é exequível neste livro buscar as implicações sociológicas e sociopsicológicas, quer dos deslocamentos, quer dos ressurgimentos da experiência religiosa no mundo moderno, mas tais fenômenos devem, no mínimo, estar sempre em mente. Também eles fazem parte do contexto social do pensador religioso contemporâneo.

---

33. *Die fröhliche Wissenschaft*, II. Munique: Hanser, 1960, p. 127 [Edição Schlechta; trad. minha].

Os variados pesares protestantes

Concorde-se ou não com a visão de Max Weber acerca do papel crucial da Reforma Protestante e de suas consequências na formação do mundo moderno, somos forçados a reconhecer que, causalidade histórica à parte, o protestantismo confrontou a Modernidade mais intensamente e por mais tempo que qualquer outra tradição religiosa. Se Weber estava mesmo correto, então esse relacionamento especial seria de se esperar, dado que nesse caso o protestantismo foi um dos principais formatadores do que hoje se conhece por Modernidade. Se Weber estava errado ou apenas parcialmente correto, poder-se-ia então olhar para aquele relacionamento como um curioso acidente histórico, graças ao qual o protestantismo acabou por se desenvolver naquelas partes do mundo ocidental em que as forças da Modernidade, tais como o capitalismo e a Revolução Industrial, deitou raízes sociais e culturais mais profundas. Na medida em que o protestantismo manteve uma relação especial com a Modernidade, ele também a manteve com a secularização. Assim, ao longo do século XIX, muito da teologia protestante consistiu num confronto permanente com várias formas de pensamento e consciência seculares. Para citar apenas o aspecto mais espetacular desse confronto, foi o protestantismo que deu origem aos estudos bíblicos modernos, destarte produzindo o caso até então inédito de eruditos oficialmente tidos por representantes de uma tradição religiosa movendo um aparato cognitivo agudamente crítico contra as escrituras sagradas dessa mesma tradição. Há nisso um caráter de heroísmo intelectual. Mas, seja como for, nenhuma outra tradição religiosa experimentou o desafio da secularidade moderna com a mesma intensidade. Assim, no mesmo século XIX, a postura padrão (talvez não menos heroica) do catolicismo romano em face da secularidade moderna foi de desafio. Apenas no século seguinte, e mais especialmente a partir do Concílio Vaticano II, um confronto comparável ocorreu dentro da comunidade católica romana. Não surpreende que alguns desses eventos recentes tenham aparecido como uma espécie de "protestantização", com muitos teólogos católicos romanos experimentando os pesares cognitivos há muito familiares aos seus confrades protestantes.

Segue-se que a história da teologia protestante é um paradigma para o confronto de uma tradição religiosa com a Modernidade. Escusado dizer, essa não é necessariamente uma afirmação positiva. Outros podem aprender com o paradigma protestante, não necessariamente o imitando ou reiterando. O caráter paradigmático do protestantismo é a única razão para que a discussão das opções teológicas a seguir neste livro se concentre em exemplos protestantes. Em outras palavras, se a Modernidade é uma condição cognitiva, então os protestantes a têm confrontado por mais tempo, sendo o espetáculo desse confronto instrutivo para outros que ingressam nas mesmas condições. Nesse sentido, e apenas nele, poder-se-ia até mesmo adotar a fórmula de Paul Tillich, "a era protestante", para designar o período moderno na história da religião.

Disso também decorre incidentalmente que a situação americana, com o seu pluralismo altamente peculiar, constitua um paradigma dentro do paradigma. Talcott Parsons definiu a América como a "sociedade da liderança"[34]. Tal descrição não deve, em absoluto, ser compreendida como esnobismo patriótico; ela apenas sugere que forças de modernização específicas foram mais longe na América do que alhures – o pluralismo, sobretudo. Houve na América uma conjuntura de pluralização,

---

34. PARSONS, T. *The System of Modern Societies*. Englewood Cliffs, NJ: Prentice-Hall, 1971.

"protestantização" e secularização que levou a uma inovação distintivamente americana da "denominação" – uma entidade sociorreligiosa que, como mostrou Richard Niebuhr, terminou por aceitar mais ou menos dignamente sua coexistência com outras numa situação pluralística. John Murray Cuddihy demonstrou recentemente de modo persuasivo como essa situação americana "protestantizou" tanto católicos quanto judeus, num processo que, muitas vezes, assumiu a característica de um ordálio teológico[35].

É interessante nessa conexão observar o caso da ortodoxia oriental na América. O número de cristãos ortodoxos na América é basicamente o mesmo de judeus. No entanto, o cristianismo ortodoxo, ao contrário do judaísmo, permaneceu virtualmente invisível aos outros no cenário americano, tanto que Will Herberg, em seu já clássico estudo do "triplo caldeirão" religioso americano, pôde descrever este último apenas em termos de "protestante, católico, judeu", ignorando completamente a presença ortodoxa[36]. As razões para isso, é claro, não são difíceis de notar. Enquanto os judeus americanos romperam decisivamente com o seu "confinamento" étnico, os ortodoxos americanos permaneceram até bem recentemente dentro de um certo número de enclaves étnicos (gregos, eslavos e assim por diante). Pelo mesmo motivo, eles têm até agora escapado dos efeitos subversivos da "protestantização". Mas isso está mudando. Em 1970, a Igreja Ortodoxa na América era formada a partir de um ramo da Igreja Ortodoxa Russa. Em termos eclesiásticos ortodoxos, isso não era tão extraordinário – uma procla-

---

35. CUDDIHY, J.M. *No Offense*: Civil Religion and Protestant Taste. Nova York: Seabury, 1978. Em termos da dinâmica sociopsicológica e cognitiva do pluralismo, esse livro é uma importante contribuição, indo muito além do fenômeno americano particular com o qual lida.
36. HERBERG, W. *Protestant-Catholic-Jew*. Garden City, NY: Doubleday, 1955.

mação de "autocefalia" por mais um corpo nacional ortodoxo. Mas, na verdade, a mudança tem implicações revolucionárias, pois que agora existe, pela primeira vez na América, uma Igreja Ortodoxa já não mais definida etnicamente, que usa o inglês como sua língua litúrgica, e que é uma presença pan-ortodoxa autoconsciente no cenário religioso americano. Pode-se apenas especular, a esta altura, sobre o destino desses cristãos ortodoxos quando começarem a se mover, com seus ícones e vestimentas, para o centro do palco religioso americano. É seguro presumir que encontrarão aquilo que os seus predecessores, dos puritanos aos judeus, encontraram – a pluralização e, *ipso facto*, os dilemas existenciais e cognitivos do paradigma protestante.

Mas, como foi sugerido no capítulo anterior, a pluralização é hoje um fenômeno de alcance mundial, concomitante (ainda que nem sempre simultâneo) ao processo mais amplo de modernização. Assim, toda tradição religiosa, ocidental ou não, deve confrontá-la mais cedo ou mais tarde – e, *ipso facto*, confrontar os variados pesares da experiência protestante. Pode-se recordar aqui, com alguma ironia, o universalismo triunfalista da grande expansão missionária protestante do século XIX, quando o mundo seria evangelizado "das montanhas geladas da Groenlândia à costa de corais indiana" (nas palavras do famoso hino missionário de Reginald Heber). A história é o registro das consequências impremeditadas. De um jeito paradoxal, o mundo tornou-se de fato "protestante", ainda que os missionários que velejaram da Europa e da América com seus hinos na ponta da língua dificilmente o reconhecessem como tal. Destarte, K. Sivaraman, num encontro sobre diálogo inter-religioso organizado pelo assaz protestante Conselho Mundial de Igrejas, podia falar pela "costa de corais indiana" nestes termos: "O hindu, enquanto porta-voz e advogado de sua tradição religiosa

[...], acha-se frente a duas tarefas distintas: ele precisa definir e defender o padrão da fé que 'representa', uma tarefa na qual o seu 'presente' parece ser pouco mais que o seu querido passado; e ele também tem de participar do processo mesmo de mediar o seu passado com um outro processo, no qual aquele dá lugar, imperceptivelmente, à inescapável presença do presente"[37]. Pura linguagem "protestante"! A situação torna-se ainda mais irônica se observarmos que o hinduísmo, junto a outras religiões não ocidentais, está agora retribuindo vigorosamente a dádiva da expansão missionária protestante – convertendo cristãos e judeus, das montanhas geladas da Califórnia à costa (sem corais) de *Long Island*. A doença protestante virou uma epidemia planetária.

Três opções para o pensamento religioso

Três opções básicas apresentam-se para o pensamento religioso na situação pluralística. Elas serão chamadas aqui de opções dedutiva, redutiva e indutiva, e boa parte restante deste livro será dedicado a explorá-las. Mas um ponto deve ser sublinhado imediatamente: as opções mencionadas são tipológicas, e não há qualquer pretensão de que a tipologia seja exaustiva ou que abarque toda expressão teológica do cenário. Agora, pode-se argumentar que quem quer que invente mais uma tipologia para dar conta de teologias deve ser sumariamente banido de toda conversa decente sobre tais assuntos – especialmente se a tipologia é tripartite e possui nomes atraentes! O fato lamentável é que nenhuma pessoa metida na tarefa de dar sentido à teologia moderna (ou, no caso, a qualquer outra área de esforço intelectual em que tenha havido grande número de expressões

---

37. SAMARTHA, S.K.J. (ed.). *Towards World Community*: The Colombo Papers. Genebra: World Council of Churches, 1975, p. 17.

variadas) pode evitar promover alguma sorte de tipificação; de outro modo, a grande diversidade e complexidade do fenômeno frustrará todo esforço de compreensão. Quando se começa a produzir tipologias, estas bem podem ser tripartites e possuir nomes fáceis de recordar. Tudo isso é apenas um outro modo de dizer que a advertência de Max Weber acerca do que chamou de "tipos ideais" se aplica aqui: nenhuma dessas tipologias existe no mundo; elas são sempre construtos intelectuais. Portanto, jamais se as encontrará em forma pura, sempre havendo casos que lhas escapam. Mas isso não importa. A tipologia será útil na medida em que ajude a discriminar entre casos empiricamente acessíveis e, por consequência, torne possíveis tanto a compreensão quanto a explicação. A utilidade da tipologia, pois, só pode ser estabelecida enquanto é atualmente aplicada, e ao antitipologista solicita-se que controle por ora a sua irritação.

A opção dedutiva significa reafirmar a autoridade de uma tradição religiosa em face da secularidade moderna. Tendo, pois, a tradição sido relançada ao estatuto de dado, de algo estabelecido *a priori*, é então possível deduzir afirmações religiosas a partir dela, mais ou menos conforme a norma em tempos pré-modernos. Como será elaborado no próximo capítulo, há diferentes maneiras de fazer tal reafirmação da autoridade tradicional. Seja como for, o indivíduo que faz essa opção experimenta a si próprio como alguém que responde a uma realidade religiosa soberanamente independente das relativizações de sua própria situação sócio-histórica. Num contexto cristão (dar-se-ia o mesmo num judeu ou islâmico), ele se depara mais uma vez com a majestática autoridade derivada das palavras "*Deus dixit*" – Deus falando novamente através das escrituras e da continuada proclamação de sua mensagem, continuando a falar com os homens contemporâneos tal como fez com os profetas e mensageiros aos quais se revelou quando do começo da tradição. A opção dedutiva tem a vantagem cognitiva de fornecer reflexão religiosa com critérios objetivos de validade. A principal desvantagem é a dificuldade de manter a plausibilidade subjetiva de tal procedimento na situação moderna.

A opção redutiva consiste em reinterpretar a tradição nos termos da secularidade moderna, que, por sua vez, é tida por uma necessidade imperiosa de participação na consciência moderna. Há, é claro, graus variados com que isso é feito. Assim, por exemplo, qualquer um que se utilize dos métodos da pesquisa histórica moderna estará, por esse simples fato, secularizando a tradição, uma vez que essas ferramentas analíticas são elas mesmas o produto de uma moderna consciência secular. A opção redutiva, no entanto, é marcada por algo mais radical que o emprego dessa ou daquela ferramenta intelectual moderna. Ela é, na verdade, uma troca de autoridades: a autoridade da consciência ou pensamento modernos substitui a autoridade da tradição, o *Deus dixit* de outrora dá lugar ao igualmente insistente *Homo modernus dixit*. Em outras palavras, a consciência moderna e suas pretensas categorias tornam-se os únicos critérios de validade para a reflexão religiosa. Tais critérios também recebem um estatuto objetivo, na medida em que aqueles que fazem essa opção tendem a ter ideias muito definidas quanto ao que é ou não "permitido" a um homem moderno dizer. Seguir essa opção inaugura um programa cognitivo, pelo qual afirmações derivadas da tradição são sistematicamente traduzidas nos termos "permitidos" dentro do arcabouço da secularidade moderna. A principal vantagem dessa opção é que ela reduz a dissonância cognitiva, ou parece fazê-lo. A principal desvantagem é que a tradição, com todos os seus conteúdos religiosos, tende a desaparecer ou dissolver-se no processo de tradução secularizante.

A opção indutiva é tomar a experiência como fundamento de todas as afirmações religiosas – a própria experiência, até onde isso for possível, e a experiência corporificada num conjunto particular de tradições. Esse conjunto pode ser de amplitude variada – minimamente limitada à nossa própria tradição ou maximamente expandida para incluir todo o acervo disponível da história religiosa humana. Em todo caso, indução significa aqui que as tradições religiosas sejam compreendidas como corpos de evidências acerca da experiência religiosa e dos *insights* dela derivados. Implicada nessa opção está uma atitude deliberadamente empírica, um estado de espírito balanceado e arguidor – não necessariamente frio e desapaixonado, mas avesso à ideia de bloquear a busca pela verdade religiosa mediante apelo a essa ou aquela autoridade – nem a autoridade do *Deus dixit* tradicional, nem tampouco a da consciência ou pensamento modernos. A vantagem dessa opção é a sua abertura de espírito e o frescor usualmente advindo de uma abordagem não autoritária a questões acerca da verdade. A desvantagem, escusado dizer, é que a abertura de espírito tende a ser relacionada à indefinição, e isso frustra a profunda ânsia religiosa por certezas. A substituição de proclamação por hipóteses é demasiado destoante do temperamento religioso.

A despeito de sua desvantagem (que, argumentaremos mais à frente, não precisa ser fatal), este livro baseia-se na convicção de que a terceira opção é a única a prometer o enfrentamento e a superação dos desafios postos pela situação moderna. É claro que essa alegação também terá de ser elaborada. Mas deveria ficar claro desde já por que foi necessário discorrer neste capítulo acerca das relações entre experiência, tradição e reflexão religiosas. A opção indutiva não pode sequer ser concebida sem que se façam essas distinções. As relativizações da Modernidade são irresistíveis se a religião é tida por nada mais que um corpo de proposições teoréticas. Nesse caso, a troca de uma estrutura de plausibilidade por outra deve ser necessariamente seguida de uma troca de autoridades cognitivas. Ou, se se prefere, a dogmática secular assume ali onde o dogma religioso tradicional já não é plausível. As distinções feitas neste capítulo, por outro lado, tornam possível um outro caminho de questionamento, uma busca pela experiência subjacente a essa ou aquela tradição religiosa, esse ou aquele corpo de proposições teoréticas produzidas pela reflexão religiosa. A opção indutiva implica a assunção de uma atitude deliberadamente ingênua em face dos relatos sobre as experiências humanas nessa seara, a tentativa de, tanto quanto possível, e sem preconceitos dogmáticos, apreender o seu núcleo fundamental. Nesse sentido, a opção indutiva é fenomenológica. A sua ingenuidade é a mesma sugerida por Husserl em seu famoso apelo aos filósofos: *"Zurück zu den Sachen"* – livremente traduzido por "retornem às coisas mesmas!"[38]

A opção indutiva ancora-se na situação moderna e seu imperativo herético. Com efeito, trata-se da mais plena aceitação desse imperativo. Mas não faz parte da opção elevar a Modernidade ao *status* de uma nova autoridade, e é esse ponto fundamental que a distingue da opção redutiva. As experiências da Modernidade também são parte da evidência – nem mais, nem menos. A atitude diante da Modernidade, pois, não é de condenação nem de celebração. Quando muito, é uma atitude de distanciamento. Ela provê salvaguardas tanto contra a nostalgia reacionária quanto contra o entusiasmo revolucionário. Não se trata de uma atitude terrivelmente fácil. Não raro, a abordagem indutiva termina em reducionismo, ou, alternativamente, suas

---

38. Cf. NATANSON, M. *Edmund Husserl*. Evanston, Ill.: Northwestern University Press, 1973, p. 42ss.

frustrações levam a uma rendição a velhas certezas. Ainda assim, ela permite uma experiência assaz única de libertação interna (que, talvez, possa ela mesma ser situada às margens da experiência religiosa propriamente dita).

A mudança da autoridade para a experiência como foco do pensamento religioso não é nova, evidentemente. Ela tem sido a marca registrada do liberalismo teológico protestante desde ao menos Friedrich Schleiermacher. Não é preciso aprovar cada aspecto do pensamento de Schleiermacher para reconhecer a ousadia com a qual ele executou a sua transição. Tampouco é preciso seguir cada pormenor na longa história dessa escola de pensamento para se identificar com sua intenção básica. Ao se associar à opção indutiva, todavia, este livro também se associa com a intenção básica do liberalismo teológico protestante – sem nenhuma apologia. Deve-se recordar mais uma vez, contudo, o que antes se disse sobre o paradigma protestante. Na mesma medida em que a Modernidade se tornou um contexto geral para a reflexão religiosa, os esforços protestantes para lidar com a Modernidade são de interesse geral. A opção indutiva, conquanto venha sendo um mote central do liberalismo teológico protestante, não é certamente uma opção limitada aos protestantes. Assim como a restauração da autoridade tradicional e a secularização são opções para católicos, judeus, muçulmanos, budistas e quaisquer outros grupos a terem ingressado no mundo moderno (ou, mais precisamente, sobre os quais desceu o mundo moderno), os exercícios cognitivos protestantes em face da Modernidade revelar-se-ão altamente relevantes para todo aquele interessado no dilema moderno da religião. Parafraseando Pio XI, "hoje somos todos protestantes". Não há qualquer jactância etnocêntrica na afirmação. Ela é uma ameaça, um lamento, mas também uma hesitante expressão de esperança.

3 A possibilidade dedutiva: reafirmando a tradição

Cinco vezes ao dia, em comunidades muçulmanas espalhadas do Oceano Atlântico ao mar da China, o chamado para a prece soa de milhares de minaretes. Ele marca a passagem das horas e, na mesma medida, a dos dias que conformam a biografia de um indivíduo. E garante, da maneira a mais palpável possível, que a tradição proclamada sirva como o cenário contínuo das vidas humanas transcorridas à sombra de sua audição. Numa comunidade ainda intocada pelas forças relativizadoras da modernização, como já argumentamos, a tradição proclamada possui uma autoridade inquestionável. O correlato subjetivo dessa autoridade é a certeza íntima. À medida que a proclamação da majestade divina e do dom profético de Maomé é lançada do minarete, dá-se uma antifonia interior nas mentes daqueles que a escutam: "*Sim, é desse jeito, e não pode ser de outro*". Com efeito, pode-se dizer que essa antifonia entre as afirmações externa e interna é a essência mesma da existência numa sociedade tradicional.

A modernização introduz uma dissonância corrosiva nessa antifonia. A afirmação externa persiste, na maioria dos casos, mas a resposta interior torna-se descontínua, hesitante ou incerta. A resposta agora é algo nesta linha: "Sim, eu já ouvi isso antes; mas poderia ser de outro jeito; será mesmo assim?" Não obstante, para muitas pessoas em situações modernizadas resta a memória dos momentos em que, no confronto com a antiga autoridade, havia aquele consentimento interior e a concomitante certeza. Tipicamente, esses serão momentos da infância ou da adolescência, envoltos em habitual nostalgia. Essa memória serve como substrato psicológico para quaisquer reafirmações subsequentes da tradição. Ela permite que tais reafirmações adquiram a plausibilidade subjetiva de um retorno às próprias raízes biográficas. Há, pois, uma restauração da antifonia, duplamente prazenteira graças ao intervalo pelo qual foi adiada: "Sim, posso agora dizê-lo *outra vez*; é desse jeito, e não pode ser de outro".

Aquele poderia ser o caso, digamos, de um indivíduo de origem muçulmana que, tendo passado muitos anos estudando no Ocidente, voltasse para casa e tornasse a ouvir o chamado do alto do minarete. A experiência é prototípica, e casos similares podem ser facilmente citados, *mutatis mutandis*, acerca de cristãos, judeus, hindus e outros. Ademais, a mesma experiência pode ser coletiva. Assim, grupos inteiros de pessoas podem regressar (no sentido de uma "volta para casa") a uma reafirmação da tradição. Ao nível do cidadão ordinário, há pois o fenômeno variamente chamado de "revivalismo", "nativismo" ou "neotradicionalismo". Na Turquia contemporânea, por exemplo, houve fenômeno equivalente em anos recentes, um movimento de massa de poderoso renascimento surgindo após anos de secularismo kemalista. O mesmo fenômeno pode ocorrer ao nível da vida intelectual, caso em que o termo "neo-ortodoxia" é frequentemente usado. A tradição é assim reafirmada tanto na teoria quanto na prática religiosa e sociopolítica. Novamente, o mundo muçulmano contemporâneo é rico em exemplos do tipo. Contudo, seja para o homem comum ou para o intelectual, há um problema intrínseco nessas reafirmações. Ele reside nas conotações insidiosas deste pequeno prefixo: "neo". A tradição é afirmada *novamente*, após um intervalo em que *não* foi afirmada. O problema consiste, muito simplesmente, no fato de ser muito difícil esquecer esse intervalo. O indivíduo que, novamente, diz "não pode ser de outro jeito" lembra de quando pensava que as coisas *pudessem*, talvez, ser de outro jeito. Eis por que movimentos neotradicionais e neo-ortodoxos se caracterizem por uma veemência toda particular. Tipicamente, tendem a ser estridentes. Sem surpresa: as lembranças do intervalo em que a tradição figurava como incerta devem ser suprimidas.

O caso da neo-ortodoxia protestante

A história da teologia protestante neste século é altamente instrutiva quanto a esse ponto. Para repetirmos o que antes foi dito acerca do protestantismo: mais do que qualquer outra tradição religiosa, e por maior período de tempo, o protestantismo tem se batido com as forças relativizadoras da Modernidade. Daí que o caso protestante possa ser visto como paradigmático. Se a modernização é um ordálio, os protestantes a têm enfrentado vicariamente em face de todas as outras tradições; de fato, quase somos tentados a evocar aqui a imagem bíblica do "servo sofredor". Seja como for, não protestantes e não cristãos, presenças mais recentes nesse *front* particular de batalha, fariam bem em considerar a experiência protestante.

Na história da teologia protestante, o século XIX tem sido persuasivamente chamado de a era de Schleiermacher[39]. Este último enxergava a sua missão como uma defesa e uma refor-

---

39. Cf. BARTH, K. *Die protestantische Theologie im 19. Jahrhundert*. Zollikon-Zurich: Evangelischer Verlag, 1952. • STEPHAN, H. & SCHMIDT, M. *Geschichte der deutschen evangelischen Theologie*. Berlim: Toepelmann, 1960.

mulação da fé cristã em face do assédio do ceticismo moderno. Foi ele o verdadeiro pai do liberalismo teológico, assim reconhecido tanto por seus adeptos quanto por seus críticos. Assim também, foi o pai do que vamos chamando de abordagem indutiva, ao menos em seu formato contemporâneo. O alicerce de seu empreendimento teológico foi a fundamentação da fé cristã num fenômeno humano mais geral de experiência religiosa, do qual o cristianismo seria um caso particular e, em sua opinião, é claro, superior. Tudo o que veio depois de Schleiermacher foi um desenvolvimento ou uma refutação desse ponto de vista, que equivale a uma revolução copernicana no pensamento teológico. Mais à frente neste livro daremos maior atenção a esse empreendimento teórico. Por ora, deve-se apenas sublinhar novamente que, uma vez aceito o argumento sociológico dos dois capítulos anteriores, decorre que o apelo de Schleiermacher à experiência não tem nada de excêntrico ou arbitrário, sendo, ao contrário, uma consequência quase necessária do desafio moderno à autoridade tradicional. O giro interior da reflexão religiosa deve ser visto no contexto de um enfraquecimento sociológico e, *ipso facto*, psicológico da autoridade exterior. Dito de outro modo, a busca pela certeza baseada em *insights* subjetivos resulta da frustração dessa busca no plano do que está socialmente disponível enquanto definição objetiva da realidade.

Mesmo o observador sem qualquer interesse pelo protestantismo terá de admirar a integridade intelectual de alguns dos participantes desse drama. A história dos estudos bíblicos, uma criação inegavelmente protestante em sua forma moderna histórico-crítica, provê disso muitos exemplos[40]. Um deles, de proporções virtualmente heroicas, é Julius Wellhausen, quem inau-

---

40. Cf. HAHN, H. *Old Testament in Modern Research*. Filadélfia: Muhlenberg, 1954.

gurou a aplicação dos métodos modernos de pesquisa histórica ao Pentateuco. Há um episódio tocante na vida de Wellhausen. Por anos, estivera ele dando aulas na faculdade de teologia da Universidade de Greifswald, e achou particularmente difícil fazê-lo numa situação em que era dever seu preparar os estudantes para o ministério protestante. Os resultados de suas pesquisas, ao que parece, não levavam a um fervor inspirador no púlpito. Imerso numa crise de consciência, Wellhausen escreveu ao ministro da cultura da Prússia uma carta descrevendo o seu dilema, e solicitando uma transferência para a faculdade de filosofia. O pedido foi recusado, e Wellhausen teve de ir para outra universidade para obter o que queria[41]. Outros permaneceram no contexto teológico, continuando a praticar uma disciplina que abalava as fundações de sua própria fé, bem como a de seus estudantes, e tentando, por quaisquer meios teóricos disponíveis, apaziguar esse conflito de maneira honesta, sem sacrifício ao intelecto. Os não protestantes, católicos em especial, seguiram na sua esteira desde aquele momento. Mas não há, na história da religião, nada comparável ao caso protestante, no qual pessoas inseridas numa tradição com a qual estavam pessoalmente comprometidas tenham lançado contra ela todo o arsenal de crítica especializada, apostando as fichas teológicas no tabuleiro próprio.

Na teologia protestante, o século XIX não terminou em 1900, mas em 1918[42]. A Primeira Guerra Mundial providenciou o choque que desencadeou esse término, bem como o de muitas outras coisas na cultura europeia. E, no fim das contas, a natureza do choque não é difícil de descrever: a Modernidade,

---

41. KRAUS, H.-J. *Geschichte der historisch-kritischen Erforschung des Alten Testaments*. Neukirchen: Verlag Buchhandlung des Erziehungsvereins, 1956, p. 236-237.
42. Cf. STEPHAN & SCHMIDT. Op. cit. • ZAHRNT, H. *The Question of God-Protestant Theology in the Twentieth Century*. Nova York: Harcourt, Brace & World, 1969.

começava-se a perceber, não havia cumprido duas promessas, tendo sido provavelmente uma grande ilusão. Dentre outras características, a teologia liberal do século XIX foi essencialmente otimista, progressista, favoravelmente disponível ao mundo no qual se achava. Nisso, é claro, não diferia de outras expressões de pensamento. Estávamos, enfim, no auge da civilização burguesa, aparentemente segura e confiante em seu próprio desenvolvimento, não apenas na Europa, mas em todo o mundo. Havia dissidentes nesse triunfalismo burguês (pode-se citar Kierkegaard, Nietzsche e Dostoiévski nesse sentido – todos eles, significativamente, descobertos apenas depois de findada a era contra a qual protestaram), mas eles permaneceram à margem da cena cultural e intelectual. É possível dizer, bem simplesmente, que a empreitada teológica liberal deriva a sua plausibilidade em grande parte do seguro mundo burguês que lhe servia de contexto social. Apenas porque este era tão seguro, indivíduos tais como os recém-mencionados podiam, fosse o caso, arcar com suas ousadas aventuras intelectuais. Esse mundo seguro colapsou de uma vez por todas naquela guerra, que bem pode ser descrita como um suicídio coletivo da civilização europeia. Ademais, o fato desse colapso não demorou a ser percebido. Fez-se logo visível, severa e assustadoramente, assim como suas consequências morais e intelectuais. Não surpreendentemente, foi assim especialmente na Europa Central, dominada por aquela cultura germânica ora ligada a uma nação catastroficamente derrotada.

Foi nesse território, quase imediatamente após a guerra, que irrompeu o movimento que, mais tarde, especialmente na América, veio a ser chamado de "neo-ortodoxia"[43]. Talvez seja sociologicamente significativo que ele tenha começado nas fronteiras

---

43. Cf. ZAHRNT. Op. cit.

da Alemanha, e não no próprio país. Em todo caso, é inegável que a sua figura central e dominante tenha sido o teólogo suíço Karl Barth. Se o período terminado em 1918 foi a era de Schleiermacher na teologia protestante, o período entre as duas guerras (e possivelmente os primeiros anos depois da segunda) foi certamente a era de Barth. Em todos os sentidos, teorética e praticamente, bem como em seu aspecto emocional, a teologia de Barth consistiu num violento desmentido de tudo quanto a precedera. Ela foi, em sua essência mesma, um trovejante *não* a todos os pressupostos e conquistas do liberalismo teológico protestante. O trovão fez-se ouvir, desafiante, com a publicação de um livro – o comentário de Barth sobre a epístola de Paulo aos romanos. Apareceu inicialmente em 1918, e depois em 1921, numa edição bastante modificada, logo provocando uma torrente de controvérsias. Posteriormente, Barth comentou sobre isso por meio de uma imagem ricamente evocativa: a de um homem subindo no escuro o campanário de uma igreja; cambaleando sobre os degraus, agarrando-se nas paredes em busca de equilíbrio, apenas para descobrir ter em mãos a corda do sino – e, antes de perceber o que se passava, fazer ressoar o cobre num poderoso estrondo.

A neo-ortodoxia protestante (ou "teologia dialética", como de início era chamada nos países de língua germânica) tornou-se logo um movimento[44]. Reuniu-se em torno de Barth um círculo de outros indivíduos, que tiveram no novo jornal *Zwischen den Zeiten* ("Entre os tempos") seu principal meio de expressão; alguns permaneceram próximos a Barth, outros vieram a seguir seus próprios caminhos. Quando Barth conquistou um posto universitário na Alemanha, o centro do movimento deslo-

---

44. Cf. MOLTMANN, J. (ed.). *Anfänge der dialektischen Theologie*. Munique: Kaiser, 1962.

cou-se para lá. Isso foi de extrema importância nos anos de 1930, com a ascensão do nazismo ao poder. Em termos de plausibilidade das diferentes posições teológicas, duas datas são particularmente significativas: 1914, quando um grupo que incluía a maioria dos grandes nomes da teologia liberal germânica assinou um "Manifesto dos Intelectuais", apoiando com entusiasmo o esforço de guerra alemão – um evento que, segundo Barth, abalou decisivamente a sua confiança nos antigos professores, levando-o a pensar de maneiras radicalmente novas. Em 1934, quando um grupo de teólogos e clérigos protestantes, muitos deles sob influência de Barth, lançaram a "Declaração Teológica de Barmen", repudiando a então disseminada ideia segundo a qual a revolução nazista tinha importância reveladora para os cristãos. Para muitos, este evento permaneceu sendo decisivo em mostrar a capacidade da teologia barthiana de se erguer perante as pretensões da era moderna. Em outras palavras, o *não* da neo-ortodoxia contra a acomodação ao mundo secular tornou-se mais plausível do que nunca quando esse mundo assumiu a forma do nazismo, e mesmo pessoas que, de resto, não seriam atraídas pelo barthianismo acabaram aderindo graças à sua oposição ao nazismo. Enquanto houve resistência ao nazismo no protestantismo alemão, a neo-ortodoxia (não necessariamente em sua forma puramente barthiana; houve também, p. ex., formas luteranas) foi a ideologia dessa resistência. Isso conferiu-lhe, e com razão, uma aura de heroísmo nada irrelevante para a sua plausibilidade. Em compensação, pode-se dizer que o declínio da neo-ortodoxia após a Segunda Guerra teve muito a ver com o inevitável apagar dessa aura[45].

---

45. Sobre os aspectos teológicos da assim chamada Luta da Igreja Alemã durante o período nazista, cf. HERMELINK, H. (ed.). *Kirche im Kampf*. Tübingen: Wunderlich, 1950.

Obviamente, a história extremamente intricada desses desenvolvimentos não pode ser traçada aqui. Igualmente absurdo seria qualquer tentativa de delinear ou discutir a majestosa obra barthiana. O que podemos fazer é apenas isto: analisar os pressupostos metodológicos básicos da teologia de Barth e tomá-los como modelo para as estratégias cognitivas empregadas pela neo-ortodoxia protestante – e, se o argumento anterior for válido, para as estratégias cognitivas disponíveis, em princípio, a neo-ortodoxias não protestantes ou mesmo não cristãs. Barth era um pensador brilhante e altamente dinâmico, e sua teologia modificou-se num número importante de áreas ao longo de sua vida. Seria provavelmente justo dizer, no entanto, que a sua abordagem metodológica básica permaneceu a mesma. De todo modo, para o que aqui nos concerne, essa abordagem será considerada tal como exposta nos primeiros dois semivolumes de sua monumental *Dogmática eclesiástica*. O quanto Barth mudou de ideia sobre essas proposições em um momento posterior é uma questão para os especialistas, bem como a de saber o quão fiel a esses pressupostos metodológicos permaneceu a sua obra. Tudo o que importa aqui é que as partes iniciais da *Dogmática eclesiástica* oferecem um postulado metodológico de rara lucidez; o ponto é que esse postulado pode ser visto como um modelo para uma seleção muito mais ampla de possibilidades teológicas na situação moderna.

"Eis que sobre a face do deserto restava uma coisa miúda"
Toda a obra de Barth é dominada por um esmagador senso de confrontação com a Palavra de Deus: o Deus da fé cristã é um Deus que fala, e a única resposta adequada por parte dos homens é ouvir em obediência. Essa Palavra de Deus, originalmente dita a profetas e testemunhas do passado, está contida

nas Sagradas Escrituras e é sempre revivida na pregação da Igreja. A teologia, ou qualquer outra forma de pensamento especificamente cristão, não pode ter outro ponto de partida além dessa mesma Palavra de Deus. Trata-se de um empreendimento intelectual, talvez até acadêmico, mas, em última instância, não foi nada mais que a reflexão coletiva acerca dessa Palavra de Deus o que se confiou à Igreja. Portanto, a teologia não pode trazer qualquer critério exterior a essa Palavra (tais como os derivados da filosofia ou das ciências empíricas); a própria Palavra provê o critério para a sua interpretação; a Palavra é *dada* ao pensador cristão, no duplo sentido de ser um *datum* que precede toda a reflexão e, ao mesmo tempo, um *dom* de Deus[46].

A reflexão teológica pressupõe a fé, que por sua vez é a obediência ao chamado de Deus. Assim, embora seja uma atividade intelectual, a teologia é ela mesma um ato prolongado de fé. Esta, entretanto, não se baseia numa decisão livre do homem, sendo, antes, a consequência da graça divina[47]. Segue-se que todas as tentativas humanas de buscar atalhos para a Palavra de Deus – tais como as características da teologia liberal – estão fadadas ao fracasso: não há caminho desde o homem até Deus; há apenas o caminho já percorrido por Deus ao dirigir-se ao homem[48]. Dito de outro modo, o homem nada pode saber de Deus senão aquilo que o próprio Deus revelou sobre si mesmo. O erro crucial da teologia liberal foi o de ter levado a descren-

---

46. BARTH, K. *Kirchliche Dogmatik*, I/1. Zollikon-Zurich: Evangelischer Verlag, 1947, p. 10-11 [Doravante citada como *Dogmatik* [Dogmática]].
47. Essa compreensão da fé está, decerto, no coração do protestantismo clássico. Barth a desenvolve detalhadamente em sua versão da doutrina calvinista da predestinação.
48. É acerca desse ponto que Barth rompe com o seu antigo aliado Emil Brunner. Este, embora assaz de acordo com a compreensão neo-ortodoxa da revelação, queria buscar "pontos de contato" (*Anknüpfungspunkte*) entre o Verbo revelado e o entendimento humano natural; Barth insistia em sua inexistência.

ça a sério demais. A tarefa própria à reflexão teológica não é enfrentar os argumentos da descrença ou produzir argumentos próprios em favor da crença, mas esclarecer os conteúdos da revelação já dados à fé[49].

Portanto, trata-se de uma questão totalmente falsa perguntar: "Como o homem pode conhecer a Palavra de Deus?" Não há resposta possível a essa pergunta. Em vez disso, deve-se perguntar: "Como esses homens, que têm fé, conhecem Deus?" A realidade da Palavra de Deus – em sua revelação original, nas Escrituras, e na proclamação (*kerygma*) da Igreja – fundamenta-se e apresenta-se por si mesma, não podendo ser atingida por esse ou aquele "método". Quem escuta a Palavra de Deus na Igreja já está nessa realidade. Deus os reconhece. Não há resposta à questão sobre como alguém pode se colocar na posição de ser capaz de ouvir a Palavra de Deus e confrontar a sua realidade. É claro que essa audição é também um evento no tempo, uma experiência humana, passível de ser estudada como tal pelo historiador ou outros observadores empíricos. Mas nada do que se possa descobrir nessas investigações fará de alguém mais próximo da realidade revelada. O erro da teologia liberal, desde Schleiermacher, bem como de todo o pensamento moderno desde Descartes, foi pensar haver no homem alguma capacidade inata para experimentar o divino. Ela não existe. Somente o Verbo em si mesmo oferece a capacidade de afirmá--lo – e, logo, de afirmar-se[50].

A revolução teológica aí proposta revela-se de maneira cristalina na compreensão do lugar da experiência. Rejeita-se veementemente o uso liberal da experiência humana, em espe-

---

49. *Dogmatik*, I/1, p. 26ss. e 73ss.
50. Ibid., p. 194ss.

cial a religiosa, como ponto de partida da reflexão teológica. A experiência do Verbo divino é de fato possível, mas só através desse mesmo Verbo. Toda resposta humana a Ele é determinada exclusivamente pela graça de Deus; nenhuma se baseia na autodeterminação do homem. Assim, a experiência da Palavra de Deus não pode ser fundamentada em nenhuma qualidade antropologicamente dada – vontade, consciência, emotividade ou razão. A lista elimina efetivamente os principais "métodos" sugeridos como atalhos para a fé. A experiência só pode surgir em virtude dessa fé. No entanto, ela pode incluir um senso de certeza. Esta também é, todavia, um dom da graça, e será sempre uma "certeza vacilante"[51]. Em qualquer uma de suas qualidades naturais, o homem é incapaz de ouvir ou experimentar a Palavra de Deus; a sua "capacitação" para ouvir e experimentar é a essência mesma da fé[52]. Dito de outro modo, a fé não é uma "possibilidade" humana[53]. Ela ocorre se e quando Deus quer. A metáfora perfeita para isso é a passagem bíblica em que Deus faz com que o maná caia do céu: também isso não se deveu a nenhuma capacidade inata do povo de Israel, que jamais o teria obtido mediante algum "método" de coleta de maná, e, portanto, o evento não poderia ser descrito como mais uma "possibilidade" entre outras[54]. De fato, o relato bíblico atesta que os israelitas não sabiam o que era o maná até que Moisés lhes tivesse dito: "E aconteceu que à tardinha subiram codornizes, e cobriram o arraial; e pela manhã jazia o orvalho ao redor do

---

51. Ibid., p. 206ss. A observação sobre a "certeza vacilante" está nas p. 237-238.
52. Barth (Op. cit., p. 231) pega a clássica máxima calvinista *Finitum non capax infiniti* ("O finito não é capaz de infinito") e a reformula: *Homo peccator non capax verbi Domini* ("O homem pecador não é capaz da Palavra do Senhor").
53. Ibid., p. 239ss.
54. Ibid., p. 250.

arraial. E quando o orvalho se levantou, eis que sobre a face do deserto restava uma coisa miúda, redonda, miúda como a geada sobre a terra. E, vendo-a os filhos de Israel, disseram uns aos outros: Que é isto? Porque não sabiam o que era. Disse-lhes pois Moisés: Este é o pão que o Senhor vos deu para comer" (Ex 16,13-15). Na visão de Barth, essa história contém basicamente tudo o que se pode dizer sobre a fé, e todos os caminhos que supostamente levam a ela.

Os eventos nos quais Deus revela a si mesmo são muito específicos. E, certamente, o evento decisivo para a fé cristã, altamente específico, é a autorrevelação de Deus em Jesus Cristo. O segundo semivolume da *Dogmática eclesiástica* começa com a sentença lapidar: "De acordo com a Sagrada Escritura, a revelação de Deus se dá quando o Verbo divino torna-se homem, e portanto esse homem era o Verbo divino. A encarnação da Palavra eterna, Jesus Cristo, é a revelação de Deus"[55]. O caráter particular da fé cristã não poderia ser afirmado de forma mais contundente. Assim, toda a seção que se segue a essa sequência intitula-se "Jesus Cristo – A Realidade Objetiva da Revelação". Esse feroz particularismo (ou cristocentrismo, o que dá no mesmo aqui) é central para a posição de Barth e muito importante de se ter em mente. Ele determina a compreensão de Barth tanto da religião humana em geral quanto das várias religiões não cristãs.

Barth permite que, da perspectiva do historiador, a fé cristã possa ser vista como um caso particular de religião humana. Mas esse não pode ser o ponto de vista do teólogo cristão. Este pode até, de fato, falar do cristianismo como a "verdadeira religião", mas tal uso é, no fim das contas, enganoso. A fé cristã, graças à sua já mencionada característica, é algo assaz distinto

---

55. *Dogmática*, I/2, 1948, p. 1 [trad. minha].

de qualquer outra variedade de religião humana. Com efeito, na medida em que a revelação de Deus é a abolição e a conclusão (*Aufhebung*) da religião, logo, da perspectiva da fé, toda religião humana é vista como descrença e desobediência[56]. Devido a essa radical contraposição entre fé e religião, Barth é da opinião que a teologia cristã pode ser bastante relaxada ao confrontar as várias relativizações da religião empreendidas pela pesquisa histórica e outras disciplinas empíricas modernas: nenhuma delas concerne à fé em Jesus Cristo; o que fazem é lidar com variedades de religião cuja fé já foi relativizada (e *aufgehoben*) muito antes do advento da Modernidade. Assim, Barth pôde até escrever um pequeno estudo elogioso, e basicamente cordato, sobre o pensamento de Feuerbach, o pai do ateísmo marxiano e freudiano, que via a religião como nada além de uma "projeção" de realidades humanas[57].

Talvez a passagem mais fascinante de *Dogmática eclesiástica* seja uma longa nota em que Barth discute as similaridades entre o cristianismo protestante e as assim chamadas escolas Terra Pura do Budismo japonês[58]. Estas são um desenvolvimento do Budismo Mahayana para aquilo que muitos estudiosos chamaram de "religião da graça", onde quaisquer esforços de salvação (como, p. ex., as disciplinas ascéticas caras ao monasticismo budista) são relegadas em favor da fé no poder salvador de Amida, um dos grandes bodisatvas (i. é, aquele que alcançou a qualidade de Buda, mas, por compaixão para com a humanidade sofredora, atrasa o seu ingresso no nirvana a fim de propiciar a salvação de outros seres). As similaridades entre essa "religião da graça"

---

56. Ibid., p. 304ss.
57. Cf. BARTH. *Die protestantische Theologie im 19. Jahrhundert*, p. 484ss.
58. Cf. *Dogmatik*, I/2, p. 372ss.

e o protestantismo são, de fato, notáveis – ao ponto de missionários católicos em viagem ao Japão no século XVII reportarem haver encontrado ali uma estranha variedade da heresia luterana! Longe de perturbadoras, essas similaridades são, segundo Barth, "providenciais": porque o caso do Budismo Terra Pura mostra, mais claramente do que qualquer outra coisa, que a verdade do cristianismo não pode ser estabelecida a partir de suas características, ou seja, tornada crível por algum "método" de investigação racional ou empírica. Em vez disso, ela só é acessível por meio da autorrevelação do Verbo divino, tal como apreendido na fé. Ademais, a diferença entre o cristianismo e outras religiões (ou melhor, qualquer religião) reside, simples e exclusivamente, no *nome* de Jesus Cristo. Nessa escandalosa particularidade, é claro, Barth remonta diretamente ao Novo Testamento: "E em nenhum outro há salvação, porque também debaixo do céu nenhum outro nome há, dado entre os homens, pelo qual devamos ser salvos" (At 4,12).

A crítica do salto

Barth era um pensador de enorme força e brilhantismo e, se se quiser fazer justiça ao seu pensamento, deve-se tomá-lo em seus próprios termos, e não como um tipo. Mas esse não é nosso propósito aqui. À parte suas qualidades únicas, Barth representa uma possibilidade intelectual bem mais ampla, apropriadamente chamada de neo-ortodoxia. O seu pensamento é, de fato, o exemplo mais importante dessa possibilidade no contexto cristão do século XX. E como tal é deveras instrutivo.

Neo-ortodoxia é a reafirmação da autoridade objetiva de uma tradição religiosa após um período no qual aquela tenha sido relativizada e enfraquecida. Precisamente porque o estatuto objetivo da tradição foi questionado, deve agora ser restabelecido com força redobrada. O período entre a proclamação da tradição e a sua reproclamação no presente ("entre os tempos", em verdade) deve, por assim dizer, ser "esquecido". Mais uma vez, cabe ao indivíduo confrontar-se com a estrondosa autocertificação da mensagem revelada. Se essa proeza é mesmo realizada, o ganho cognitivo é óbvio: após um período de dúvida e aceitação, haverá certeza novamente. Ademais, se a objetividade da tradição foi de fato reconstruída, a velha fórmula cognitiva que consiste em extrair-lhe preposições pode ser aplicada mais uma vez. Eis por que a neo-ortodoxia é referida aqui como a possibilidade dedutiva. Deve-se enfatizar que, de modo algum, isso implica um escolasticismo árido ou uma postura intelectual irrefletida; fosse esse o objetivo, e Barth não teria sido tomado como exemplo. Ao contrário, a implicação é precisamente aquela tão eloquentemente afirmada por ele: de novo, a teologia retorna à sua fonte e faz derivar todas as suas proposições da revelação, o "Verbo divino", presumivelmente conhecido por meio dela.

Toda crítica à neo-ortodoxia deve começar com a questão óbvia de como um indivíduo consegue se colocar nesta posição – qual seja, a de se submeter ao "Verbo divino". Barth, como foi notado, rejeita a questão. A fé, ele insiste, não pode ser alcançada por qualquer "método" humano; ela é dada, e não "mediada" por experiências ou ações humanas. Há algo de grandioso nessa resposta. Pode-se admirá-la fortemente. Pode-se também, com todo o respeito, desacreditá-la.

Tanto o historiador quanto o sociólogo, confrontados com asserções como aquela, farão sempre a pergunta mal-educada: "Quem disse?" As respostas são normalmente embaraçosas, mas também esclarecedoras. Ninguém nasce um teórico, nem mesmo um grande pensador como Barth. No caso dele, é perfeitamente clara a maneira pela qual conseguiu se colocar na posição de dizer o que disse a partir de 1918 – havia todas as "mediações" de sua situação espaçotemporal, a começar pela grande decepção de 1914, quando a elite da teologia liberal na Alemanha sucumbiu à orgia nacionalista da guerra. Dito simplesmente, Barth afirma que a posição de ter fé é não mediada; contra essa afirmação, uma longa lista de circunstâncias mediadoras pode ser arrolada. Mas isso não é tudo. Ele também afirma não haver método pelo qual a fé possa ser obtida; contra essa afirmação, e, pois, contra a sua própria autodefinição, um método pode ser apontado e descrito.

O método é o de Kierkegaard; trata-se daquilo que o filósofo dinamarquês chamava de "salto de fé". Ademais, esse método é determinado peculiarmente pela situação da Modernidade[59]. Ele pode ser descrito bem simplesmente: em situação de dúvida e desespero, o indivíduo confronta-se novamente com a mensagem encarnada na tradição, e, com grande esforço existencial, lança-se na posição de dizer: "Sim, eu acredito". O indivíduo que faz isso é chamado por Kierkegaard de "cavaleiro da fé". E este, decerto, impressionava-se fortemente pelo caráter subjetivo da façanha, ao ponto de a afirmação culminante de seu método teórico ser "a verdade é a subjetividade"[60]. No pensamento de Kierkegaard, a "dialética" está entre aquela subjetividade totalmente desprotegida e a realidade objetiva afirmada pela fé. É muito interessante observar o que se passa com essa dialética no pensamento de Barth. Como ele próprio costumava confessar, Kierkegaard foi muito influente no início de sua vida intelectual.

---

59. Para uma interpretação de Kierkegaard à la sociologia de conhecimento, cf. PLEKON, M. *Kierkegaard: Diagnosis and Disease* – an Excavation in Modern Consciousness. Rutgers University, 1977 [Tese de doutorado].
60. KIERKEGAARD, S. *Concluding Unscientific Postscript*. Princeton: Princeton University Press, 1941, p. 169.

Contudo, à medida que a obra barthiana se desenvolve, o ponto de partida kierkegaardiano, e existencialista de modo geral, vai recuando mais e mais. A despeito do fato de que o barthianismo continuou a ser chamado de "teologia dialética" no mundo germanófono, é difícil achar essa dialética nas últimas fases. E não é de se espantar: quanto mais se afirma o caráter *dado* do "Verbo divino" – e isso implica precisamente a sua objetividade –, mais a história subjetiva de *como alguém pode descobri-lo* deve ser suprimida. Kierkegaard é o espectro que assombra a obra barthiana. Não é desrespeitoso dizer que Barth teve de reprimir aquele espectro; essa repressão era um imperativo cognitivo de seu método. Em poucas palavras, a neo-ortodoxia afirma que a sua fé é dada; a crítica à neo-ortodoxia deve afirmar que, ao contrário, essa fé é descoberta por certos indivíduos como resultado de esforços empiricamente disponíveis. De todas as mediações rejeitadas por Barth, a sua própria pode ser embaraçosamente apontada: trata-se de um esforço da vontade. Dito de outro modo, a neo-ortodoxia é o resultado de uma decisão – a decisão de voltar a crer. Por razões já detalhadas em capítulos precedentes, esse "deciosionismo" é uma característica peculiar do pensamento reflexivo na situação moderna[61].

Uma vez desveladas as raízes subjetivas da neo-ortodoxia, suas precondições metodológicas, põe-se em xeque o apelo que ela faz à objetividade. Surge então uma questão adicional, assaz simples: presumindo-se que essas afirmações possam ser feitas na esteira de um "salto de fé" – *por que saltar, afinal de contas?*

Kierkegaard respondeu àquela questão com incontestável franqueza, e com grande nível de detalhe. Com efeito, a sua res-

---

61. O termo "decisionismo" foi cunhado pelo sociólogo alemão Christian von Krockow. Cf. *Die Entscheidung*. Stuttgart: Enke, 1958.

posta (posto que originalmente em dinamarquês) naturalizou uma palavra alemã na linguagem dos americanos educados: salta-se por causa da *Angst*. A existência humana é percebida como uma confusão de ansiedade e sofrimentos; o "salto de fé" é a via de escape do desespero. Decerto, tal percepção da condição humana está na raiz de toda forma de existencialismo pós-kierkegaardiano. Se ela é aceita, saltar torna-se realmente plausível. Se não é aceita, ou mesmo se é temperada por considerações mais otimistas, a plausibilidade é reduzida. É provável que os indivíduos tenham sempre diferido em sua suscetibilidade à *Angst*. A ocasião que leva um homem ao desespero pode ser assaz tolerável para outro. Mais importante, contudo, é que a plausibilidade do salto de fé tem determinantes *sociais*. Na linguagem utilizada anteriormente, há uma estrutura de plausibilidade sociologicamente analisável, tanto para a percepção kierkegaardiana do mundo quanto para a solução kierkegaardiana do problema posto por essa percepção. Indubitavelmente, há fatores biográficos e históricos a serem considerados. Assim, um "homem do subsolo" (e Kierkegaard pode, decerto, ser chamado por esse título dostoievskiano) tem mais chances de se desesperar e, pois, saltar do que um membro bem-ajustado e tranquilo da burguesia de Copenhagen. E era mais provável saltar para a neo-ortodoxia na Alemanha nos anos de 1930 do que nos de 1950. Mas a alegação básica aqui é que a abrangente estrutura de plausibilidade para esse tipo de "deciosionismo" é a situação moderna enquanto tal. Esta, mesmo para indivíduos bem-ajustados vivendo em tempos razoavelmente felizes, produz a *Angst* de viver num mundo carente de certezas. Isso é o bastante, em si mesmo, para tornar plausíveis várias formas de salto de fé.

Há, todavia, uma outra questão surgida quando duvidamos do crente neo-ortodoxo em sua alegada ausência de culpa por estar onde está: assegurada a razão para saltar, *para onde se deve saltar, afinal de contas*? Ou, reformulando-a em termos religiosos: assegurado um motivo para reafirmar a autoridade da tradição religiosa, *que tradição se irá afirmar*?

Evidentemente, essa questão relembra a discussão anterior sobre o pluralismo como um ingrediente-chave da situação moderna. Não está claro se Kierkegaard chegou alguma vez a confrontar-se com a possibilidade de saltar para alguma fé que não a cristã. Pode-se conjecturar que, na Copenhagen de sua época, tal possibilidade teria sido bastante abstrata. Seja como for, Barth estava certamente intrigado pela questão, como sugerido na fascinante passagem citada anteriormente sobre o Budismo Terra Pura. O apelo neo-ortodoxo deve necessariamente basear-se na premissa de que o "Verbo divino" é dado *singularmente* na tradição revelatória particular que se reafirma. De Schleiermacher em diante, por certo, a teologia liberal protestante mostrou-se fortemente preocupada com o que chamou de "o problema das outras religiões". De várias maneiras, tentou-se mostrar que o cristianismo era a verdadeira religião, no mínimo a mais próxima da verdade, devido à sua pretensa superioridade cognitiva ou moral. Em retrospecto, muitas dessas tentativas são pouco convincentes. Assim, por exemplo, pesquisas mais recentes basicamente demoliram os pressupostos liberais sobre o caráter único da ética de Jesus[62]. Ao mesmo tempo, a teologia liberal bateu-se com o problema. Barth recusou-se a isso. A singularidade da fé cristã é *dada* conjuntamente com todas as suas outras afirmações. A revelação proclama a si mesma como

---

62. Cf. GRANT, M. *Jesus*. Nova York: Scribner's, 1977.

sendo única ("não há outro nome sob o céu..."), e essa singularidade torna-se parte inerente da fé que reapropria os conteúdos tradicionais.

No caso de Barth, essa posição leva a uma atitude não raro violenta e aparentemente arrogante para com as religiões não cristãs. D.T. Niles, um teólogo cristão da Índia muito preocupado (compreensivelmente) com o "problema das outras religiões", relembra uma conversa com Barth em que este afirmou (como o fez muitas vezes em *Dogmática eclesiástica*): "As outras religiões não passam de descrença". Niles perguntou-lhe quantos não cristãos ele já havia conhecido. Nenhum, respondeu Barth. "Como você sabe então que o hinduísmo é descrença?", retrucou Niles. E Barth decretou: "*A priori*"[63]. É certamente injusto tomar a aparente arrogância dessa resposta por seu valor de face. Ela deve ser compreendida no contexto do pensamento de Barth, que afirma que o cristianismo *qua* religião também é descrença – com efeito, justo por sua proximidade com o "Verbo divino", o cristianismo, enquanto fenômeno religioso humano, é a mais perigosa das descrenças. Para Barth, como notamos anteriormente, *toda* religião humana é descrença, e a fé cristã não deve ser subsumida na categoria religião. Mas a violência do repúdio barthiano ao problema posto pelas religiões não cristãs é uma consequência necessária de seu método. Tão logo o problema seja admitido no universo teológico do discurso, a objetividade *a priori* da posição neo-ortodoxa começa a desmoronar. Pois, nesse exato momento, já não está claro para qual direção – ou seja, para qual tradição – devemos saltar.

---

63. Cf. DAWE, D. & CARMAN, J. (eds.). *Christian Faith in a Religiously Plural World*. Maryknoll, NY: Orbis, 1978, p. 114.

O ponto poderia ser colocado de maneira mais devastadora caso alguém se desse ao trabalho de traduzir algumas passagens centrais de *Dogmática eclesiástica* em termos muçulmanos: o exercício também poderia ser feito para outras religiões, incluindo o hinduísmo, mas o caso muçulmano é particularmente instrutivo, graças ao caráter proclamatório ("querigmático") da compreensão islâmica da revelação. Muito pouco das premissas metodológicas básicas de Barth teria de ser mudado. Aqui também, o "Verbo divino", tal qual dado no Corão, confronta o indivíduo com uma certeza inabalável e majestática. Aqui também, todas as objeções humanas, todas as "mediações", revelam-se nulas. De fato, um dos piores pecados na perspectiva islâmica é qualquer tentativa de "mediar" entre Deus e o homem; não há "intermediário" além da revelação iniciada pelo próprio Deus. Negá-lo, na visão islâmica, significa ser culpado de *shirk*, a heresia que associa Deus a outros e, portanto, nega a sua radical singularidade. Pode-se observar de passagem que o Islã percebe o cristianismo precisamente como essa heresia, e por isso o Corão reitera que Deus não tem ninguém ao seu lado, não tem "companheiros", e não gerou ninguém. A revelação de Deus, tal como contida no Corão, apresenta-se ao indivíduo como um fato objetivo inabalável. Diante dele, o indivíduo nada pode fazer além de se submeter, e é dessa submissão (*'aslama*, em árabe) que o Islã deriva o seu nome. No caso do calvinismo, a visão islâmica é a de que Deus, em sua infinita sabedoria, predestinou os que vão e os que não vão aceitar essa submissão. Nas palavras do Corão, "Se o Senhor assim o quisera, todos os povos do planeta teriam de acreditar nele... Ninguém pode ter fé a não ser pela vontade de Alá"[64].

---

64. Sura 10: 99-100. In: *The Koran*. Harmondsworth, Middlesex: Penguin Books, 1956, p. 71 [trad. N.J. Dawood].

O paradigma de Barth para a sua compreensão da fé, a queda do maná de Deus do céu sobre o não merecedor povo de Israel, aplica-se igualmente bem à descida do Corão do céu na noite sagrada de Qadr. O indivíduo que se submete a essa revelação e a afirma no credo islâmico performa um ato de fé que, em cada um de seus pontos, é plenamente comparável ao de Barth. O indivíduo que o performa após um período de dúvidas e incerteza – isto é, o teólogo neo-ortodoxo islâmico – é, portanto, capaz de experimentar um senso igualmente comparável de retornar ao lar para uma vacilante certeza. Nas palavras de um escritor muçulmano contemporâneo (ao fim de um livro altamente instrutivo, no qual o autor argumenta com um amigo ateu que encarna todas as dúvidas do homem moderno): "Então eu li o Corão... Eu li a vida desse homem [Maomé] e o que ele fez, e eu disse a mim mesmo: Sim, ele é um profeta! É impossível que fosse outra coisa. Este maravilhoso universo não pode ter outro autor além do Deus onipotente do qual fala o Corão"[65]. *Deus dixit*, em versão ligeiramente alterada: "Não há outro deus além de Alá, e Maomé é o seu profeta!"

Um indivíduo para quem esses apelos conflitantes à autoridade absoluta estejam subjetivamente acessíveis (e há muitos deles hoje em dia) deve se perguntar, assaz simplesmente, por que devemos ter *essa* fé em vez daquela, por que ser cristão e não muçulmano, ou vice-versa. Não adianta, então, apontar a autoridade intrínseca a cada tradição, porque cada uma lança o mesmo argumento (que inclui o apelo à singularidade – "nenhum outro nome"). Em outras palavras, toda tradição assegura ter sido fundada sobre um – ou, antes, *o* – "Verbo divino" que

---

65. MAHMOUD, M. *Dialogue avec un ami athée*. Beirute: Dar al-Awda, 1975, p. 217 [trad. minha].

nenhum homem pode questionar. Tampouco ajuda dizer que a fé é um "salto", porque a questão agora é *para onde* se deve saltar. Há uma via para Meca tanto quanto para o Calvário, e o primeiro passo dado numa ou noutra direção (ao menos para o homem moderno) é da natureza de um "salto de fé". Pode-se deduzir que essa jamais foi uma possibilidade subjetivamente real para Barth; mas outros não têm tanta sorte – ou, na perspectiva deste livro, são mais sortudos.

A neo-ortodoxia nega o caminho e assume o destino como o seu ponto de partida. Tanto a negação quanto a assunção devem ser repudiadas. Tal repúdio implica uma rejeição da contraposição de Barth sobre religião e fé (ou, mais precisamente, fé *cristã*). Essa contraposição é espúria. O cristianismo é uma religião dentre várias, e a fé cristã ("saltada" ou não) é uma possibilidade humana entre outras. Dizê-lo é retomar a questão que Barth pretendia remover da agenda: Quais são as razões para ser cristão? Quem põe essa questão o faz numa situação histórica e biográfica particular. Se essa situação é a moderna, a questão é revestida de todas as relativizações da Modernidade. A neo-ortodoxia tenta atropelar essas relativizações mediante um ato heroico de vontade e, por consequência, obter uma espécie de imunidade contra o imperativo herético. O ato é tão heroico quanto ilusório. Como é ilusória a imunidade à relativização que ele pretende produzir. A imaginação neo-ortodoxa faz surgir personagens que confrontam o "Verbo divino" num reino empiricamente inacessível. Mas seres humanos concretos não existem em tal reino. Antes, eles existem como pastores suíços angustiados, árabes francófonos que também querem ser muçulmanos, estudantes universitários americanos com acesso a edições baratas do Livro Tibetano dos Mortos, ex-judeus e neo-hindus, e tudo quanto mais habite sob a égide do pluralismo. Esse é o reino em que a experiência e a reflexão religiosas ocorrem empiricamente. Negá-lo equivale a negar a realidade do nosso mundo. E a negação da realidade é sempre um mau lugar para começar.

Refletindo sobre o trovão

Agora, é preciso dizer algo muito importante em relação à crítica do modelo neo-ortodoxo: ele é um processo particular de *reflexão* sobre a religião. Ocorre que, como no caso de Barth, o modelo frequentemente nega a noção de que a sua reflexão se baseia numa experiência específica. Ou seja, o modelo tende a ser antiempírico, anti-indutivo. Uma crítica ao modelo, decerto, também não precisa aceitar esse seu aspecto. Dentro dessa crítica, portanto, é perfeitamente lógico perguntar sobre o tipo de *experiência* subjacente ao processo neo-ortodoxo de reflexão. E a seguinte implicação deve ser notada cuidadosamente: *a recusa em seguir o teólogo neo-ortodoxo em seu processo de reflexão não implica necessariamente a recusa em levar a sério a experiência subjacente à reflexão*[66].

Dito de outro modo, rejeitar o modelo neo-ortodoxo teoricamente não é o mesmo que rejeitar o seu fundamento prático (quer dizer, experiencial). Logo, uma compreensão do fundamento empírico da neo-ortodoxia pode levar no mínimo a uma validação parcial dessa abordagem à religião – a despeito do fato de que o pensador neo-ortodoxo pode haver negado que

---

66. Parece apropriado dizer aqui que a neo-ortodoxia (em versão luterana antes que barthiana) foi a teologia da minha juventude, ainda evidente nos meus dois primeiros livros. Eu abandonei gradativamente essa posição e, no começo dos anos de 1960, percebi-me como um teólogo liberal. Continuo me vendo assim. Entretanto, ao abandonar uma velha posição teológica, não estou repudiando ou invalidando as experiências que levaram a ela. Em outras palavras, mudar de ideia não significa retomar uma vida!

tal fundamento empírico exista! Para colocarmos de maneira mais positiva, *no âmbito de certa experiência, a neo-ortodoxia realmente expressa um* insight *válido*.

Qual é essa experiência? Mircea Eliade fala das "hierofanias", ou manifestações do sagrado, como os momentos decisivos na história religiosa. Elas são experimentadas por seres humanos de carne e osso, ainda que algumas não sejam facilmente acessíveis às gerações seguintes. Pode-se dizê-lo de maneira mais incisiva: ao menos dentro da moldura de qualquer perspectiva intramundana (como a do historiador e a do cientista social, bem como a do homem comum), as hierofanias *são* experiências humanas. Sejam quais forem as dificuldades de saltar por sobre abismos no tempo e no espaço, toda experiência humana é, em princípio, compreensível. Assim, um indivíduo contemporâneo pode tentar compreender as experiências do Rig-Veda, de Zoroastro ou de Isaías, e dos seres humanos que ergueram os grandes templos da civilização maia – ou, além disso, daquelas encarnadas na religião das assim chamadas culturas primitivas. Em princípio, nenhuma experiência humana é irrevogavelmente estranha.

Toda hierofania é experimentada como a irrupção de uma outra realidade naquela da vida humana ordinária. Escusado ressaltar, a forma dessa irrupção varia bastante entre culturas e tradições religiosas. Assim, a Ásia Ocidental (particularmente a região da Síria-Palestina, a Península Arábica, e o Irã) tem sido caracterizada por um tipo altamente distintivo de hierofania, variamente chamada de "querigmática", "revelatória" ou "profética". Por contraste, as tradições religiosas derivadas do subcontinente indiano tendem a exibir um caráter muito diverso – persuasivo mais que proclamatório, menos dogmático, menos insistente em momentos particulares de revelação. Em ambos os casos, contudo, a hierofania traz em si mesma a sua própria garantia de certeza. Ou seja, qualquer indivíduo submetido a essa experiência é por ela compelido a exclamar: "Sim, sim, isto é verdade – e não pode ser de outro jeito". *Cada hierofania é como o trovão, e os seres humanos que a escutam devem sentir que esse trovão abafa qualquer outro som do universo.* Não poderia ser diferente. Pensando em termos cristãos, é perfeitamente compreensível que a comunidade dos discípulos reunida em Jerusalém e na Galileia pela experiência do Calvário, da Páscoa e de Pentecostes tenha sido compelida a sentir, e dizer, que "nenhum outro nome sob o céu" exceto o de Jesus Cristo poderia ter trazido a salvação que transformou as suas vidas. Não poderia ter sido diferente. A exclusividade intrínseca a toda experiência hierofânica é mais acentuada pelo contexto oeste-asiático acima mencionado, com sua tradição centenária de movimentos querigmáticos e figuras proféticas. O Islã é provavelmente a expressão mais cristalina desse impulso querigmático-profético. Se relativamente generoso no reconhecimento de profetas anteriores a Maomé (incluindo Abraão, Moisés e Jesus), o Islã foi compelido a insistir na finalidade exclusiva da revelação advinda com o Corão: "Revelamos o Corão na Noite de Qadr. E o que o fará entender o que é a Noite de Qadr! A Noite de Qadr é melhor do que mil meses. Nela descem os anjos e o Espírito, com a anuência do seu Senhor, para executar todas as suas ordens. Ela é paz, até o romper da aurora!"[67] A "paz" de que trata essa passagem corânica é precisamente a paz da certeza completa. E, no entanto, rompe o dia. Ele rompeu até para Maomé. E esse é o ponto em que deve começar a reflexão. Para voltar ao caso cristão, não há por que invalidar a experiência

---

67. Sura 97, p. 27 [de novo, na tradução de Dawood]. Eu citei essa passagem antes. Ela comporta repetição! Como notamos, a palavra árabe *qadr* significa "glória".

da Igreja primeva para questionar a forma pela qual foi ela expressa na pregação e no ensinamento daquela. A transformação da experiência por meio da reflexão é, decerto, um fenômeno humano geral. Por sua própria natureza, a reflexão ocorre sempre à fria luz do dia – na manhã seguinte, por assim dizer. A reflexão sobre a experiência religiosa não é exceção: não para aqueles que, em suas próprias vidas, experimentaram as noites de glória em que o sagrado se manifestou; menos ainda para os que, em nunca tendo vivido tal noite, devem conferir-lhe um sentido mediante relatos de terceiros e analogias com as suas próprias aproximações, tipicamente frágeis, da experiência.

Os relatos de experiência hierofânica devem ser levados extremamente a sério enquanto se reflete sobre eles. Como aprofundaremos no próximo capítulo, isso exclui o reducionismo tão comum nas abordagens modernas da religião desde o Iluminismo. Mas nenhuma experiência hierofânica deve ser tomada isoladamente, como se nunca houvera outras. Tampouco as afirmações daqueles que tiveram a experiência devem ser consideradas a única interpretação autorizada. Uma experiência hierofânica, por sua própria natureza, é um estado de intoxicação com o divino. Nesse estado, as pessoas são tentadas a dizer coisas que, mais tarde, devem ser reformuladas. Al-Ghazali, o grande pensador islâmico que tornou o misticismo aceitável dentro do Islã, colocou-o muito bem ao discutir algumas das proposições mais extravagantes dos místicos: "Eles quedaram-se embriagados, numa embriaguez na qual a razão colapsa". Mas então, ele prossegue, deve vir a reflexão da sobriedade: "As palavras dos amantes em estado de embriaguez devem ser ocultadas, não transmitidas... quando a embriaguez diminui e a soberania da razão é restaurada – e a razão é a escala de Deus na Terra"[68]. *Mutatis mutandis*, aquilo que al-Ghazali diz dos sufis também pode ser dito dos apóstolos. E é difícil pensar num princípio metodológico mais importante para a reflexão teológica cristã do que a insistência em que "a razão é a escala de Deus na Terra".

Mas é hora de voltarmos mais uma vez ao modelo neo-ortodoxo. Para reiterar, ele é um modelo teórico, mas, como toda teorização humana, também está fundado na experiência. Esta pode ser especificada. *Não* é uma experiência de renovada hierofania; há, de fato, tais experiências, mas o termo "neo-ortodoxia" não lhes é apropriado. Em vez disso, trata-se da experiência do poder renovado da tradição na qual essa ou aquela hierofania tomou corpo. Distingui-la do cataclismo de hierofanias originais não significa, em absoluto, denegri-la ou subestimar-lhe o poder. O uso de Barth como exemplo paradigmático deveria bastar para ilustrar o ponto. Tampouco a neo-ortodoxia deve assumir a forma de um movimento intelectual. Ela pode ocorrer entre pessoas muito pouco sofisticadas, e, mesmo ali onde encontra expressão intelectual, pode haver muitos não intelectuais por ela afetados. A influência do barthianismo na vida de protestantes ordinários na Alemanha dos anos de 1930 é um caso exemplar.

Qualquer que seja a forma assumida pela neo-ortodoxia, ela é essencialmente uma experiência de retorno à vitalidade de uma tradição – é, mais ainda, um redespertar dessa vitalidade, existencial e reflexivamente. As velhas palavras voltam a ganhar vida. O antigo poder, há muito esquecido, manifesta-se novamente como realidade. Nessa experiência, vidas individuais são

---

68. Apud ZAEHNER, R.C. *Mysticism*: Sacred and Profane. Londres: Oxford University Press, 1961, p. 157-158.

dramaticamente transformadas, bem como ideias e teorias. Um dos exemplos mais dramáticos dessa experiência entre pensadores religiosos do século XX é o de Franz Rosenzweig, o filósofo judeu-alemão que, em certa altura da vida, esteve muito próximo de se tornar cristão. Então, no Yom Kippur de 1913, ele participou da cerimônia numa pequena sinagoga ortodoxa em Berlim – e, ao fim do dia, já era um homem transformado, um judeu[69]. Rosenzweig era um intelectual de grande brilhantismo, e a sua experiência de reconversão deu à luz uma obra teórica de notável abrangência. Mas a experiência central desse "retorno ao lar" no judaísmo é comum na América contemporânea entre pessoas bem menos dotadas intelectualmente[70]. *Mutatis mutandis*, a mesma experiência foi vivida por cristãos e por indivíduos das mais variadas tradições religiosas. Aqueles que tiveram essa experiência de "retorno" sentem invariavelmente a necessidade de se identificar com a comunidade que corporifica a tradição que eles agora reafirmam, e porque a reconversão é recente, e *ipso facto* frágil, essa identificação comunal tende a ser muito intensa.

Eis por que a neo-ortodoxia enfatiza tipicamente os sólidos laços comunitários. Posta nos termos da sociologia da religião, a neo-ortodoxia tende ao sectarismo. No caso de Barth, isso veio com o seu abandono do individualismo "existencialista" anterior em favor de uma ênfase na comunidade de fé; por isso, é claro, ele chamou a sua grande obra sistemática de *Dogmática eclesiástica*. No caso dos reconvertidos ao judaísmo, há a preocupação com uma coletiva e comunal "identidade judaica". Esse impulso quase sectário dos movimentos neo-ortodoxos pode

---

69. Cf. GLATZER, N. *Franz Rosenzweig*. Filadélfia: Jewish Publication Society, 1953.
70. Gretel Weiss realizou um estudo de sociologia do conhecimento sobre esse processo (Rutgers University, 1978 [tese de doutorado]).

ser explicado sociologicamente. Se, por um lado, há mecanismos complexos envolvidos aí, o fato central é bastante simples. Toda conversão é frágil; portanto, os convertidos devem agrupar-se em busca de apoio mútuo contra um mundo externo que não conseguem entender; o secto é a forma social por excelência de agrupamento[71].

Na experiência neo-ortodoxa – ou seja, na experiência de reconversão –, a autoridade da tradição é reconquistada. Ela torna-se subjetivamente real para o indivíduo e, pois, pode ser novamente percebida como realidade objetiva. Isso é tão verdadeiro para o homem comum quanto para o teórico. Graças à enorme força da experiência, ambos são impelidos a absolutizá-la. No nível do homem comum, esse impulso se manifesta na forma de um compromisso intenso com a comunidade. Assim, a neo-ortodoxia protestante leva à assim chamada "redescoberta da Igreja". No nível do teórico, há o tipo de absolutização analisada no modelo barthiano. Em ambos os níveis, isso cria um fervor e um *élan* difíceis de encontrar.

Eles são difíceis de encontrar por quaisquer expoentes de uma abordagem liberal do pensamento religioso. É inevitável que os liberais pareçam mornos e pouco inspirados quando comparados aos tipos irascíveis produzidos pela neo-ortodoxia. Mas isso é uma desvantagem de qualquer abordagem ponderada em questões intelectuais. O indivíduo que proclama verdades apodíticas tem uma vantagem psicológica sobre o indivíduo que diz: "Um momento, vamos olhar a questão por outro ângulo". Tentar obter uma visão balanceada não condiz com uma postura querigmática. Ainda que assim seja, isso também

---

71. Cf. BERGER, P.L. & LUCKMANN, T. *The Social Construction of Reality*. Garden City, NY: Doubleday, 1966, p. 144ss.

é irrelevante como argumento. Contudo, seria um erro colocar a crítica à neo-ortodoxia apenas nos termos da razão sóbria e circunspecta. Seria como repetir o erro da crítica iluminista à religião. O rigor intelectual não é a única virtude em jogo aqui. Há algo mais, ao qual antes fizemos referência em conexão com os pressupostos metodológicos da fenomenologia: *a determinação de se manter fiel à própria experiência*.

Para muitos contemporâneos, há tanto a experiência de sentir-se em casa numa tradição quanto a de abandoná-la. Ambas devem ser levadas a sério, e nenhuma, interpretada necessariamente como uma aberração. O mesmo se aplica à experiência de retorno ao lar. Ela não deve ser repudiada, nem absolutizada. Trata-se de uma experiência entre outras, na própria biografia de um indivíduo e no universo mais vasto das possibilidades humanas. Ela deve ser confrontada, explorada, comparada, acessada. Se ela de fato tocou em algo que se pode chamar de verdade, esta reafirmar-se-á reiteradamente, não importando quantas questões circunspectas se lhe sejam postas. Dizer isso é reiterar o velho *insight* de pensadores religiosos de todas as grandes tradições: a verdade religiosa não tem nada a temer da razão. Nessa perspectiva, pode-se conceder, "saltos de fé" aparecem como atos de fechamento prematuro – e, talvez, de uma fé menos heroica do que antes se imaginava. Às vezes é mais fácil pular do que hesitar.

4 A possibilidade redutiva: modernizando a tradição

Os seres humanos não escolhem a sua situação. No máximo, podem escolher como lidar com a situação na qual foram lançados pelos acidentes do nascimento e da biografia. Isso é tão verdadeiro para os aspectos práticos quanto para os cognitivos de qualquer situação. Um indivíduo não escolhe ser homem ou mulher, branco ou preto, rico ou pobre, saudável ou doente. Decerto, há diferenças em relação a quanto os indivíduos são capazes de, numa fase posterior da vida, compensar pelo descuido com o qual selecionaram os pais. Assim, mais do que outras, algumas sociedades facilitam para uma mulher escapar dos limites de seu "papel sexual", ou para um membro de uma minoria oprimida rebelar-se contra o sistema opressor, ou para um homem pobre melhorar seu *status* econômico. Sem dúvida, há também diferenças entre indivíduos como as há entre sociedades, e um indivíduo "forte" pode superar doenças e desvantagens físicas que derrotariam um "fraco". Tudo isso, contudo, não altera aquele fato fundamental da condição humana que a filosofia existencialista chamou apropriadamente de "situacionalidade" ou "derrelição": os seres humanos são, de fato, lançados num mundo que não criaram. Esse fato fundamental é o ponto de partida, bem como o limite, de todo ato de autoafirmação, rebeldia ou mudança. Um indivíduo não escolhe a sua língua nativa, com todas as implicações que isso tem para as suas percepções de mundo e o seu pensamento. Tampouco esse indivíduo, ainda que venha a ser um grande filósofo, escolhe o ambiente cognitivo dentro do qual se mover durante a vida adulta, embora (se for muito persuasivo, ou poderoso, ou ambos) possa modificar isso antes de sair de cena.

Houve situações na história humana em que os deuses pareceram tão próximos quanto um vizinho ou o meio ambiente. Talvez ainda as haja atualmente. A situação mais comum hoje, todavia, é aquela em que os deuses recuaram. Por vezes, é como se houvessem desaparecido completamente. Essa também é uma situação não escolhida pelo indivíduo. Em outras palavras, o mundo em que os seres humanos foram lançados pode ser repleto de deuses ou desprovido deles, e cada eventualidade irá determinar, desde o início, o ponto de partida, tanto para a experiência quanto para a reflexão. O primeiro caso pode ser visto retrospectivamente como um estado perdido de graça ou uma feliz superação do obscurantismo, e o segundo pode ser lastimado ou celebrado. Seja como for, o importante é que o caráter de cada situação seja, antes de tudo, reconhecido. Toda viagem depende, primeiro, da localização do ponto de partida.

Por razões já indicadas em capítulos anteriores, a situação moderna tem sido caracterizada por um alto grau de secularização. Analistas da Modernidade diferem sobre o quão alto ele é. É seguro dizer, contudo, que a consciência moderna não leva a um contato íntimo com os deuses. A secularidade da consciência moderna pode, novamente, ser lastimada ou celebrada, dependendo da perspectiva. Em todo caso, deve ser reconhecida. Trata-se de um dado, um *datum*, da situação contemporânea, especialmente nos países ocidentais. Ninguém a escolheu. O que se abre a um considerável nível de escolha, entretanto, é a resposta de cada um a essa situação. E uma compreensão das várias opções de resposta é, decerto, o tema principal deste livro.

A mente ortodoxa é aquela que ainda não percebeu o caráter da situação moderna (ou talvez seja mais correto dizer que ela não está, de fato, nessa situação). A mente neo-ortodoxa, por um ato de vontade, nega a situação moderna ao ponto de negar também a importância de suas mudanças cognitivas. Para o ortodoxo, enfim, nada se passou ainda; já o neo-ortodoxo age *como se* nada se passara. Dito de outro modo, o ortodoxo continua "inocentemente" a afirmar a tradição; o neo-ortodoxo perdeu essa "inocência" e, não raro, é compelido a reafirmar a tradição mediante notáveis contorcionismos mentais. No polo oposto de um espectro de respostas possíveis está a mente que percebe a tradição como não mais afirmável, exceto por meio de uma exaustiva tradução para as categorias da consciência moderna. Aqui a percepção é o exato oposto da ortodoxa e neo-ortodoxa: *tudo* se passou.

A forma mais radical dessa percepção foi a afirmação clássica de Nietzsche segundo a qual Deus havia morrido. Nos anos de 1960, em conexão com aquilo que era conhecido como o "movimento morte de Deus" na teologia protestante americana, ela foi reafirmada por Thomas Altizer nos seguintes termos: "Uma teologia que opta por encontrar-se com o seu tempo, uma teologia que aceita o destino da história, deve em primeiro lugar acessar o significado teológico da morte de Deus. Devemos nos dar conta de que a morte de Deus é um evento histórico, que Deus morreu em nosso cosmos, em nossa história, em nossa *Existenz*"[72]. O interessante aqui é que Altizer percebeu a morte

---

72. ALTIZER, T. & HAMILTON, W. *Radical Theology and the Death of God*. Indianápolis: Bobbs-Merrill, 1966, p. 11.

de Deus como um ponto de partida para um empreendimento em *teologia cristã*. Por contraste, é claro, a maioria dos que (enfaticamente incluindo Nietzsche) concluíram pela morte de Deus presumiram *ipso facto* que futuras teologizações faziam tão pouco sentido quanto ulteriores afirmações da fé cristã. Por outro lado, Altizer e seus associados queriam continuar acreditando e refletindo, na qualidade de cristãos, mediante categorias que (assim acreditavam) *não* haviam morrido. Por certo, a autodesignação dessa reinterpretação como "radical" é convincente. Os seus detalhes não serão investigados aqui, mas é útil relembrá-los a fim de mostrar as formas extremas possíveis na esteira da percepção de que a situação moderna mudou tudo em termos de experiência e pensamento religiosos.

Barganhando com a Modernidade

De novo, a perspectiva da sociologia do conhecimento é útil para apreendermos a dinâmica da possibilidade redutiva. Pois esta, nem mais nem menos do que quaisquer outras opções na situação contemporânea, não ocorre em alguma espécie de paraíso platônico ou esfera teórica isolada das realidades da vida ordinária. Ela é baseada em experiência, experiência pré-teórica, e exibe estruturas de plausibilidade específicas, abertas à análise sociológica. Especificamente, a experiência aqui é a de uma consciência moderna na qual as tradições religiosas, incluindo a nossa própria, tenham se tornado turvas, e essa consciência tem, pois, um contexto social. Em princípio, essa experiência da força secularizante da Modernidade é partilhada por intelectuais e não intelectuais. A sociologia da religião demonstrou o quanto pessoas assaz comuns, que raramente leem livros e nunca os escrevem, foram afetadas por ela. Pode-se mencionar aqui, por exemplo, o trabalho pioneiro de Gabriel

LeBras, o sociólogo francês que começou a estudar o impacto da vida urbana sobre a religião nos anos de 1930. Assim, LeBras pesquisou o que se passou com a vida religiosa dos bretões que migraram para Paris. Na época (e talvez até hoje), a Bretanha era uma das regiões mais fortemente católicas da França, seus habitantes podendo ser considerados campeões em comprometimento religioso. Tudo isso mudou súbita e drasticamente assim que os imigrantes bretões chegaram em Paris, ao ponto de LeBras haver gracejado sobre a virtual existência de um trecho mágico na calçada da Gare du Nord (a estação de trem onde a maior parte dos bretões chegavam à capital), que transformava bons católicos em agnósticos ou, no mínimo, não praticantes. Em verdade, é claro, não há magia alguma nesse tipo de transformação (como bem sabia LeBras). O sociólogo do conhecimento pode descrever o que ocorre nesses casos dizendo que a estrutura de plausibilidade da prática e da crença tradicionais é gravemente enfraquecida pela migração, e, uma vez que isso seja compreendido, não há nada de misterioso na relação alterada com a tradição religiosa. Com efeito, dessa perspectiva, seria um mistério se a relação *não* se alterasse. Mas imigrantes da classe operária não escrevem livros nem formulam teorias (ou, para ser mais preciso, suas teorias permanecem sem registro). É sobremaneira importante compreender que, no fundo, o intelectual (aqui, o teólogo) que teoriza e registra essa teoria em livros está sujeito à mesmíssima dinâmica de plausibilidade e implausibilidade.

A situação moderna, portanto, dá azo a uma relação adversa entre uma secularidade socialmente dominante e a consciência religiosa. Dito de outro modo, a secularidade dominante exerce uma *pressão cognitiva* sobre a consciência religiosa. O adjetivo no trecho em itálico deve ser enfatizado. Pois não se trata necessariamente de uma questão de processos sociais abertos – digamos, de desaprovação, ridículo ou, muito menos, perseguição. Muito mais importante, trata-se de uma questão sobre o hiato entre os pressupostos cognitivos da consciência religiosa e os do meio social envolvente. Na medida em que este é mais poderoso (como o mundo cintilante do metropolitanismo parisiense é mais poderoso que a desvalorizada subcultura dos migrantes bretões), as pressões cognitivas emanam daí. Algumas pessoas, intelectuais ou não, resolvem o problema cedendo às pressões. Isso significa simplesmente que abrem mão das crenças e práticas cognitivamente desviantes de sua herança religiosa. Podem fazê-lo alto e explicitamente, informando a todos de que já não são católicos (ou o que tenham sido originalmente). É mais provável, no entanto, que a sua secularização seja discreta e implícita. De um jeito ou de outro, eles já não têm esse problema particular.

Outras pessoas, ao contrário, não estão dispostas a abdicar de sua tradição tão prontamente. Pouco importa se apenas graças ao hábito ou a um apego sentimental, ou por quererem permanecer fiéis àquilo que para elas tem a aparência de verdade, buscam salvaguardar ao menos o núcleo da tradição em face da situação alterada. Nos mais variados níveis de sofisticação, desde seminários de teologia até conversas no refeitório da fábrica, o que acontece então é um processo de *barganha cognitiva*. Justo porque as pressões da secularidade são tão fortes, nem tudo pode ser resguardado uma vez que o processo tenha começado. (Recorde-se aqui que a opção neo-ortodoxa é precisamente a recusa em ingressar no processo de barganha!) Logo, haverá arranjos. Certas manifestações externas de devoção podem ser suspensas, na esperança de que um núcleo irredutível possa ser mantido. No nível cognitivo, algumas proposições tradicionais serão abandonadas; outras, postuladas. Por exemplo, o milagre de Jesus da multiplicação dos pães e dos peixes será descartado (ou explicado em termos naturalistas, o que dá no mesmo) – mas não o milagre da ressurreição. Ou será concedido que Paulo estava bastante equivocado em sua visão sobre mulheres ou escravidão – mas não sobre a justificação dos pecadores. E assim por diante. (Já terá sido observado haver um problema inerente a esse processo de barganha – notadamente, o de que a secularidade, como toda visão de mundo hegemônica, é esfomeada, sendo portanto relutante em abrir mão dos agrados.)

A história da teologia protestante desde Schleiermacher pode muito bem ser descrita como um grande drama de barganha cognitiva. E, é claro, foi o liberalismo teológico protestante quem barganhou mais intensamente. Um observador antipático talvez dissesse até tratar-se de uma retirada ordenada. Muito já se disse sobre a falta de simpatia pela empreitada liberal em teologia, e esse não é o nosso assunto, quaisquer que tenham sido seus outros fracassos. Isso significa, para dizer breve e brusco, que alguma medida de barganha cognitiva com a consciência moderna é tida por inevitável aqui. Isso também significa, contudo, que às vezes é difícil traçar uma linha clara entre o arranjo e a rendição. O que é reducionismo para uns pode ser uma acomodação razoável para outros. Ainda assim, uma linha *pode* ser traçada – no ponto em que a consciência moderna se torna o critério último de todas as afirmações religiosas. Dito de outro modo, é possível falar em redução quando o método básico de pensamento religioso consiste em abandonar todos os elementos da tradição tidos por incompatíveis com os pressupostos cognitivos da Modernidade. Há diferentes modos de fazê-lo. De novo, como foi esboçado no capítulo anterior para a opção de dedução restaurada, o procedimento aqui será o de olhar para um caso importante na história recente da teologia protestante, e então perguntar em que medida esse caso representa um modelo ou estratégia cognitiva mais amplos.

Concedendo a "mitologia"

O caso a ser observado é o programa então chamado de "desmitologização" proposto pelo teólogo protestante alemão Rudolf Bultmann durante a Segunda Guerra, e violentamente discutido pelo menos ao longo da década seguinte[73]. Originalmente, Bultmann propôs o programa num ensaio que à época não pôde ser publicado, durante os últimos anos da guerra, quando os nazistas haviam cessado virtualmente toda publicação teológica. O ensaio, intitulado "Novo Testamento e mitologia", circulou mimeografado dentro de um grupo assaz restrito de teólogos, e só com o fim da guerra pôde deixar essa existência subterrânea[74]. Quase que imediatamente, ele suscitou uma tempestade de controvérsia, primeiro no meio germanófono, e depois internacionalmente. Excitante o quanto fosse em si mesmo, o seu impacto foi decerto aumentado graças à estatura de seu autor. Bultmann estabelecera a sua reputação como estudioso do Novo Testamento já nos anos de 1920, e muitos o consideravam o grande expoente desse campo por, pelo me-

---

73. A fonte primária para a proposta de Bultmann e a controvérsia subsequente é uma série intitulada *Kerygma und Mythos* [ed. por Hans-Werner Bartsch e publ. em cinco volumes entre 1948 e 1955 (Hamburgo: Reich)]. Desde então, é claro, formou-se uma vasta literatura em torno da controvérsia nos dois lados do Atlântico, mas não poderíamos resumi-la aqui. Resenhei um estágio anterior da controvérsia ao tempo em que ela começou a ser discutida nesse país ("Demythologization: Crisis in Continental Theology". *Review of Religion*, nov./1955); os aspectos básicos da questão já eram bem nítidos à época. Cf. tb. KEGLEY, C. (ed.). *The Theology of Rudolf Bultmann*. Nova York: Harper & Row, 1966. • SCHMITHALS, W. *An Introduction to the Theology of Rudolf Bultmann*. Mineápolis: Augsburg, 1967. A palavra alemã *Entmythologisierung* é, incidentalmente, um neologismo tão desajeitado quanto a sua tradução para o inglês.

74. O ensaio original pode ser encontrado em BARTSCH. Op. cit., I, p. 15ss.

nos, uma geração. Estivera associado ao movimento da "teologia dialética", e, em toda a sua vida, havia sido não apenas um professor universitário (a maior parte do tempo em Marburgo) como também um dedicado clérigo luterano, tendo pertencido à assim chamada Igreja Confessional em sua resistência ao nazismo. A radicalidade de suas propostas, que a muitos pareceram um ressurgimento de um liberalismo teológico tido por enterrado graças a Karl Barth, tiveram o impacto de uma surpresa total. Com efeito, elas tinham um quê de uma história teológica do tipo "homem morde cachorro". O próprio Bultmann fez as suas observações movido por um grande senso de urgência, sentindo que algo em seu programa era necessário se a Igreja Protestante quisesse sobreviver no pós-guerra.

O programa de desmitologização de Bultmann baseia-se numa compreensão específica, tanto da mitologia quanto do caráter mitológico do Novo Testamento. A mitologia é entendida por Bultmann como um padrão de pensamento no qual a altermundanidade é representada como agindo dentro do mundo, ou, em outras palavras, no qual o mundo empírico é constantemente penetrado por forças provindas de seu além. Não somente essas forças sobrenaturais irrompem e interferem nos eventos naturais, como também a própria personalidade humana abre-se à influência constante de um outro mundo – de deuses e demônios, milagre e magia –, na forma extrema da crença de que os indivíduos humanos podem ser possuídos por espíritos sagrados ou satânicos (como, respectivamente, na primitiva experiência cristã de possessão pelo Espírito Santo no Pentecostes ou nos vários relatos de exorcismo conduzido por Jesus e seus apóstolos). Tudo isso está baseado numa cosmologia em que o mundo da vida humana é parte integrante de uma ordem que contém tanto o natural quanto o sobrenatural. Na Bíblia, isso é o que Bultmann chama de "universo em três andares", a terra sendo o meio-termo no qual os seres "de cima" (as esferas celestiais, das quais, entre outros, Cristo desceu na encarnação, e às quais retornou em sua ascensão) e os "de baixo" (o submundo, o reino dos mortos e das potestades infernais) se enfrentam em combates cósmicos. Toda essa visão mitológica da realidade está em conflito aberto com a visão moderna, moldada pela ciência, e que entende o cosmos como um sistema fechado de causalidades empíricas. A visão de mundo mitológica também contradiz a visão moderna da personalidade humana, a qual, independente de sua relação com as causalidades da natureza, também é tida por fechada a forças externas que, do além-mundo, lhe pudessem mover ou penetrar.

A visão de mundo mitológica permeia cada parte do Novo Testamento – os evangelhos, as epístolas paulinas, todo o escopo do querigma cristão. Nessa afirmativa, é claro, Bultmann pôde utilizar o seu vasto domínio da literatura histórico-crítica, que havia frutificado numa longa lista de publicações. Assim, Bultmann, dizendo que a visão de mundo do Novo Testamento é mitológica, tinha um peso muito diferente do que se a mesma afirmação fora feita por algum crítico racionalista do cristianismo. Ninguém podia argumentar que Bultmann não soubesse do que falava! Mas ele disse mais. Insistiu em que o caráter mitológico do Novo Testamento não repousa apenas sobre certas premissas cosmológicas que possam ser descartadas como irrelevantes à mensagem do Evangelho, como havia sido a prática do liberalismo teológico clássico. O conteúdo mesmo da mensagem cristã de salvação, o próprio querigma, é expresso em linguagem mitológica. Ele pressupõe uma longa lista de concepções da realidade indubitavelmente mitológicas: a preexistência de Cristo no Paraíso; a sua encarnação como ser humano; a sua crucificação redentora para os pecadores; a sua ressurreição como vitória numa batalha cósmica; a salvação mediante Cristo como retirada da maldição do pecado infligida à humanidade por Adão; a ascensão de Cristo aos céus e o seu estabelecimento no trono à direita de Deus; o seu retorno entre nuvens ao fim da história; a ressurreição e o julgamento dos mortos; a presença na Igreja do Cristo renascido por intermédio do Espírito Santo e dos sacramentos. Todos esses são conceitos mitológicos, padrões de pensamento mitológicos, parte integrante de uma visão mitológica do cosmos. Enquanto tal, constituem uma visão de mundo que o homem moderno é incapaz, não apenas de aceitar, como até mesmo de apreender. São, nas palavras de Bultmann, "terminados" (*erledigt*). Se o cristianismo depende deles para a sua existência continuada, então o próprio cristianismo está "terminado".

Se o programa de Bultmann depende de uma compreensão específica da mitologia e do caráter mitológico do Novo Testamento, depende igualmente de uma compreensão específica do homem moderno e suas capacidades cognitivas. Embora Bultmann dedique pouquíssimo espaço em seu ensaio original a uma exposição dessa compreensão do homem moderno, ela é central para o seu ponto. Não surpreende que tenha se tornado um dos focos importantes da controvérsia subsequente. Seja como for, para Bultmann o homem moderno é definido sobretudo negativamente: trata-se de alguém de quem *não* se espera que acredite em toda essa mitologia.

O homem não é capaz de escolher livremente a sua visão do mundo, que, ao contrário, lhe é dada por sua situação histórica. O homem moderno, mesmo que quisesse pensar em termos mitológicos, está preso à visão de mundo que a ciência lhe deu. Ele pode tentar convencer-se de ser capaz de aceitar a mitologia do Novo Testamento, mas esse é um exercício de autoilusão. Com efeito, tem havido esforços nos tempos modernos para ressuscitar o pensamento mitológico, como no "mito nazista do século XX" ou em vários movimentos ocultistas. Mas é interessante que mesmo essas remitologizações tenham pretendido basear-se em *insights* "científicos". A incapacidade do homem moderno para pensar mitologicamente está resumida naquela que, provavelmente, é a sentença mais citada do ensaio de Bultmann: "Não se pode usar a luz elétrica e o rádio, recorrer à medicina moderna em caso de doença e, ao mesmo tempo, acreditar no mundo de espíritos e milagres do Novo Testamento"[75]. Vale a pena determo-nos por um momento na primeira frase desse trecho: "Não se pode" – em alemão, "*man kann nicht*". Em seu caráter lapidar, ela lembra a clássica afirmação de Lutero: "Eis-me aqui, não posso fazer diferente" ("*Ich kann nicht anders*"). Há aí a mesma sugestão de implacável honestidade, de corajosa confiança nos *insights* da própria consciência. Mas agora (e que mudança!), o *conteúdo* da afirmação mudou da tradição bíblica para a pretensa visão de mundo do homem moderno. O *pathos* dessa mudança é apenas realçado pelo fato óbvio de que Bultmann não a pretendia.

O que se segue de tudo isso é que, para que o cristianismo tenha algum significado para o homem moderno, ele deve ser radicalmente desmitologizado, tanto em seu núcleo quanto em suas margens. Não se pode ceder um pouco aqui, um pouco ali – nos termos utilizados anteriormente, não se pode fazer barganha cognitiva. Antes, deve-se rejeitar ou aceitar a visão de mundo mitológica como um todo. Uma vez que se o compreenda, de fato não há escolha honesta. A questão então não é

---

75. Ibid., p. 18 [trad. minha].

mais *se* a mensagem cristã deve ser desmitologizada, mas *como* isso deve ser feito. Nesse ponto, Bultmann distancia-se muito claramente das velhas tentativas liberais que também poderiam ser vistas como programas de desmitologização. O liberalismo clássico desmitologizou o Novo Testamento traduzindo-o, quer em termos de ética, quer nalguma forma de experiência mística. Assim, considera-se que o "verdadeiro" tema do cristianismo seja a ética de Jesus ou, alternativamente, uma experiência de comunhão com Deus da qual Jesus e os primeiros cristãos seriam exemplares. Aqui, Bultmann pode falar com toda a autoridade do estudioso do Novo Testamento: o cristianismo, tal como proclamado no Novo Testamento, não é nem um sistema de ética nem uma disciplina mística. Afirmá-lo seria abandonar o querigma junto com a mitologia, representando de fato o fim da religião. O querigma deve ser mantido, mas comunicado ao homem moderno de forma não mitológica.

Para Bultmann, essa forma é *existencial*, e, para apresentá-la, ele utiliza o aparato conceitual da filosofia existencial (especialmente a de Martin Heidegger). Bultmann é sensível ao questionamento de que talvez estivesse projetando retrospectivamente sobre o Novo Testamento uma compreensão da vida humana primeiro elaborada pelo existencialismo moderno. Não é isso o que ele está fazendo, insiste. As categorias filosóficas modernas servem apenas para iluminar a condição humana enquanto tal, e a sua utilidade para o teólogo deveria ser bem-vinda. Ademais, o próprio Novo Testamento pede por sua desmitologização, pois só assim se pode reconciliar suas contradições internas. Por exemplo, o Novo Testamento vê, por um lado, o homem submetido por forças demoníacas, mas, por outro, apela ao poder humano de decisão. Desmitologiza-se o Novo Testamento e, *ipso facto*, resolve-se suas contradições, revelando a preocupação existencial subjacente – que, nesse caso, é a compreensão de que o homem não pode libertar a si mesmo da angústia de sua condição, devendo para isso confiar na ação de Deus. O querigma dirige-se precisamente a esse dilema existencial, tanto hoje quanto no tempo do Novo Testamento, e as categorias filosóficas de Heidegger apenas servem para torná-lo compreensível.

Os problemas do historiador com o Novo Testamento são resolvidos de maneira elegante (demasiado elegante, diriam os críticos). O Novo Testamento não diz respeito a uma história abstrata e impessoal de eventos do passado (os eventos do Jesus histórico), mas ao significado desses eventos para a própria existência do indivíduo. Em outras palavras, o Novo Testamento não está interessado em historiografia, mas na história do Cristo renascido na existência dos que nele creem[76]. Assim, a fé cristã na Páscoa torna-se soberanamente independente de quaisquer fatos empíricos que possam ou não fundamentar o mito da tumba vazia. Em outras palavras, o Novo Testamento é interpretado como oferecendo uma certa visão da existência humana no mundo. Trata-se de uma visão deveras sombria, que torna crível a conexão com as lúgubres categorias do existencialismo moderno. Neste mundo, o homem existe na impermanência e em face da morte (Heidegger chamava isso de "viver para a morte"). Portanto, a existência humana é marcada por uma permanente ansiedade (a *Angst*, de Kierkegaard; a *Sorge*, de Heidegger). O homem está perdido neste mundo de ansiedade, em servidão, precisando ser liberto. Seus esforços para se libertar estão fadados ao fracasso (as peças de Jean-Paul Sartre

---

76. Em alemão, essa diferença implica que o Novo Testamento não tem interesse em *Historie*, mas em *Geschichte*. A persuasividade dessa distinção, lamentavelmente, não resiste à tradução para qualquer língua que não a alemã.

são provavelmente a expressão mais eloquente dessa estimativa de todos os esforços humanos para achar uma "saída" – que não há, insiste Sartre). Esse fracasso radica-se na própria natureza do homem, naquilo que Lutero chamava de "coração curvado sobre si mesmo" (*cor incurvatus in se ipsum*). A vida no espírito e na fé é a experiência de libertação vinda de fora, através de Cristo. A fé no querigma livra o homem da servidão e abre-o para Deus e o mundo. A mesma fé reduz a angústia deste mundo ao ponto da insignificância, abole o fardo do passado, e permite ao homem tornar-se livre para um futuro em aberto. Mas essa experiência não é mística, nem mesmo psicológica. É sempre o resultado de um ato, uma decisão (aqui, novamente, aparece o "salto de fé" kierkegaardiano). Ao mesmo tempo esse ato/decisão é apreendido pelo crente como um dom gratuito da graça divina, jamais como posse assegurada, que pudesse ser verificada lógica ou empiricamente.

Todas essas proposições existenciais (assim argumenta Bultmann) não dependem de uma visão de mundo mitológica. Ao contrário, são elas profunda e urgentemente relevantes para o homem moderno em sua situação histórica específica. A vida cristã não deve ser entendida como ligada a processos e eventos sobrenaturais, passados ou presentes. Ela é inteiramente situada dentro deste mundo. Não pode nunca ser verificada em termos miraculosos, ou retirada do contexto natural da existência humana. Fazer diferente significa reiterar a opção rejeitada por Jesus quando satanás o tentou a saltar do pináculo do templo de modo a provar ser mesmo o Messias. Embora Bultmann não utilize o termo em seu ensaio original, é justo dizer que desmitologização implica secularização.

Bultmann era muito atormentado pela questão sobre se essa compreensão da existência humana era possível sem Cristo, a fé cristã ou o querigma. Ele concedia que o existencialismo moderno mostrava ao menos que os pressupostos antropológicos dessa compreensão eram acessíveis ao não cristão. Mas sublinhava que o existencialismo moderno não teria surgido na história (na história do pensamento *ocidental*) sem o Novo Testamento, Lutero, Kierkegaard e Dostoiévski. À parte isso, contudo, o cristianismo sustenta, contra o existencialismo, que uma compreensão da condição humana como *Angst*, abandono, não é o bastante. O homem não pode livrar-se dessa condição. Ele só pode ser liberto por um ato do Deus transcendente. A linha entre uma antropologia cristã-existencial e uma secular-existencial parece aqui perigosamente tênue, e Bultmann tinha plena consciência disso. Tinha consciência também da objeção (posteriormente muito repetida por seus críticos) de que falar sobre um Deus transcendente agindo no mundo pode, por sua própria definição, ser chamado de linguagem mitológica. A questão permanece sem solução, mas Bultmann reitera que ela pode ser resolvida no próprio ato de fé; o sabor barthiano dessa posição não é acidental.

Esse ato de Deus em Cristo é ele mesmo desmitologizado. Em essência, ele é compreendido como tendo ocorrido aqui e agora, no encontro entre querigma e fé. A fé pascalina na ressureição já não significa fé num evento histórico ocorrido há dois mil anos, concentrada no mito de uma tumba vazia e aparições fantasmagóricas de Jesus crucificado, mas, antes, no Deus que encontra o indivíduo contemporâneo enquanto a mensagem cristã lhe é proclamada. Isso é resumido eloquentemente nesta sentença: "Cristo, o crucificado e renascido, encontra-nos no mundo da proclamação, e em nenhum outro lugar. Apenas a fé nesse Verbo é, em verdade, a fé pascalina"[77]. Há aqui uma

---

77. BARTSCH. Op. cit., 50 [trad. minha].

visão classicamente protestante sobre a grande importância da pregação, e deve-se sublinhar de passagem que Bultmann foi um pregador por toda a sua vida, e ao que parece muito bom[78]. Também a escatologia é desmitologizada de um quadro de referência cósmico para um existencial. Já não importa, finalmente, algum evento obscuro e historicamente não reconstruível na Palestina, mas o que ocorre todo domingo em alguma igreja alemã em meados do século XX. A cruz e a ressureição não são mais eventos cósmicos num universo mitológico, mas eventos suscitados por Deus na existência dos indivíduos contemporâneos.

Se a desmitologização dispensa o cristão individual da necessidade de entregar-se a acrobacias mentais a cada vez que lê a Bíblia, tem também um efeito libertador sobre a teologia cristã. O teólogo já não precisa ficar numa posição defensiva diante de cada novo avanço da pesquisa bíblica e da ciência moderna. A mensagem cristã é transposta para um plano que estas já não podem atingir. Pode-se imaginar um caso extremo. Suponha-se que um conjunto de câmeras de cinema tivesse sido (algo preciosamente) fixado na manhã da Páscoa no local onde Jesus foi sepultado. Suponha-se ainda que o filme tivesse sido descoberto por um arqueólogo, e que não mostrasse nada demais ou, pior, revelasse alguns dos discípulos rolando a pedra e removendo o corpo na calada da noite. Mesmo assim, tudo isso deixaria intactos a fé na Páscoa de Bultmann e, presumivelmente, o ato de Deus nessa fé. Portanto, curiosamente (ou talvez nem tanto), a noção de fé de Bultmann termina numa afirmação empiricamente não contestável muito similar à de Barth.

---

78. Cf. PEERLINCK, F. *Rudolf Bultmann als Prediger*. Hamburgo: Reich, 1970.

Um modelo de tradução

A proposta de Bultmann de desmitologizar o Novo Testamento e a mensagem cristã como um todo é obra de um pensador audacioso, dotado de grande erudição e sofisticação. Pense-se o que quiser dos méritos da proposta, deve-se admirá-la tanto em nível de sua força intelectual quanto de integridade pessoal do autor. Entretanto, é importante notar que ela não se sustenta sozinha como tentativa de lidar com o mal-estar cognitivo da Modernidade. É espécie de um gênero. Com efeito, o procedimento de Bultmann pode ser visto como modelo para um tipo específico de estratégia cognitiva. Para encará-lo desse modo, é claro, deve-se abstrair a estrutura essencial do argumento a partir dos conteúdos do caso particular. Ao fazê-lo, o modelo emerge como possibilidade, não apenas para os teólogos cristãos, mas para qualquer outra tradição religiosa.

O modelo inicia sempre com o que se pretende ser uma análise segura da situação moderna, ou, mais precisamente, da consciência do homem moderno. Supostamente, essa consciência é secularizada e *ipso facto* incapaz de consentir com as definições tradicionais da realidade. É claro que tudo isso poderia ser afirmado por um pensador ortodoxo ou neo-ortodoxo, que, no entanto, talvez prosseguisse nos seguintes termos: "Sim, assim é o homem moderno. Quão deplorável! E quão equivocado! Passemos agora à tarefa de convertê-lo". Mas isso é precisamente o que o modelo em questão *não* faz. Ele pula do diagnóstico empírico de que a consciência moderna é, de fato, secularizada para a premissa epistemológica de que essa secularidade é superior a toda visão de mundo (mitológica ou qualquer outra) que a precedeu. Talvez seja esse o grande "salto" do modelo! Por vezes, a passagem do diagnóstico empírico para a epistemologia é apontada claramente. Isso ocorre quando são dadas *razões* do porquê de o homem moderno estar certo ali nos tantos pontos em que seus ancestrais erravam. Dependendo da perspectiva filosófica de quem opera o modelo, naturalmente essas razões irão diferir, mas terão sempre de incluir o pressuposto de que, no passado recente, os seres humanos descobriram métodos de conhecer a verdade até então desconhecidos ou imperfeitos. Em outras palavras, há aqui a premissa do *status* cognitivo superior do homem moderno. Curiosamente, contudo, quase nunca são apresentadas razões que justifiquem essa premissa. Assim é no caso de Bultmann. A superioridade cognitiva de todos aqueles usuários da eletricidade e dos rádios sobre os autores do Novo Testamento é apoditicamente afirmada como um fato autoevidente. Parece não ter ocorrido a Bultmann que, em certos aspectos, o homem moderno pode ser cognitivamente *inferior* a seres humanos que viveram em épocas passadas. Falaremos mais disso adiante.

Dentro do modelo, também fica claro quais aspectos da tradição religiosa deixam de ser declarados em face da consciência moderna. Eles podem ser variamente descritos – como mitológicos, sobrenaturalísticos, altermundanos e assim por diante. Mas o que se almeja aqui é sempre aquela visão da realidade com que Bultmann identificava a mitologia: a visão segundo a qual o mundo empírico dos homens é penetrado, ou ao menos penetrável, por forças e seres de outro mundo. Contra isso, a secularidade afirma o caráter fechado do universo – não há milagres, demônios, reinos sobrenaturais, nem nada do tipo. Na medida em que o modelo busca ainda aferrar-se a um pretenso núcleo de tradição religiosa (que, no caso cristão, significa minimamente alguma noção de Deus, bem como do atributo redentor de Cristo), esse núcleo deve então ser articulável em termos que excluem as definições "já não possíveis" da realidade. Em outras palavras, a tradição deve ser desmitologizada, despida de suas vestes sobrenaturais – deve ser, com efeito, cognitivamente secularizada.

Por esse motivo, resta no coração do modelo um *procedimento de tradução*. A regra básica para isso é simples: termos de referência transcendente na tradição devem ser ou eliminados (no caso dos que são tidos por marginais), ou traduzidos em termos de referência imanente (no caso dos considerados parte do núcleo a se preservar). Dito de outro modo, referências a *outros* mundos são traduzidas para termos referentes a *este* mundo, o superempírico é traduzido para o empírico, o mais que humano, para o humano. Argumenta-se que essa tradução tornará a tradição novamente aceitável ao homem moderno, porque já não exigirá dele que abdique de sua (supostamente superior) visão de mundo. Mas seria injusto dar a impressão de que o motivo dos que empregam esse modelo é apenas tático, no sentido de "O que podemos dizer para manter as pessoas em nossas igrejas?" Muito mais básica é a força cognitiva da secularidade moderna e a pressão que exerce sobre a mente dos pensadores religiosos. Em outras palavras, não importa o que aconteça a todas aquelas outras pessoas, a questão que finalmente exerce pressão no pensador religioso é: "Como posso permanecer na Igreja – e continuar a pensar honestamente?" Presume-se aí, é claro, que um pensador particular *queira* permanecer na Igreja (ou sinagoga, ou comunidade islâmica). Mas então, se não o quiser, não terá necessidade desse modelo de teorização sobre a religião!

Portanto, deve haver alguma forma de tradução. Haverá grandes diferenças nas linguagens usadas pelos tradutores. Em princípio, qualquer uma serve – desde que satisfaça o critério de ser secular em seu conteúdo e secularizante em seu efeito sobre a tradição. Como foi mostrado, Bultmann empregou a linguagem da filosofia existencial em sua tentativa de tradução. Mas não há necessidade imperiosa de que essa filosofia seja utilizada em lugar de outra, e nem mesmo de que a linguagem seja filosófica[79].

Seria um empreendimento válido compor, por assim dizer, uma "gramática comparativa" das várias línguas utilizadas para secularizar o pensamento religioso e, assim, reduzi-lo às categorias de uma pretensa consciência moderna. Este livro não é o lugar para esse empreendimento. Mas pode ser útil apontar, de maneira bem geral, quais têm sido as possibilidades mais típicas.

A possibilidade rejeitada por Bultmann, aquela de parcelas do liberalismo protestante clássico, é a tradução da tradição religiosa em termos de ética. Num meio cristão, isso significa uma interpretação de Jesus como grande professor de ética e exemplo moral, mas é importante sublinhar que os cristãos não são os únicos capazes de realizar essa tradução. *Mutatis mutandis*, judeus, muçulmanos, budistas e outros também podem fazê-lo. Tampouco a crítica do liberalismo teológico cristão nesse aspecto, que demonstrou claramente a má interpretação do Novo Testamento implicada nessa tradução para a ética, encerrou essa possibilidade dentro da própria esfera cristã. Assim, é perfeitamente possível conceder que Jesus e os primeiros cristãos não estavam originalmente interessados em questões éticas, e ainda assim continuar alegando que, *para o homem moderno*, esse *é* o maior interesse. Em outras palavras, mesmo que Jesus não tenha concebido a si mesmo como um professor de moralidade, somos livres para vê-lo como tal. É também relevante

---

79. Cf. BERGER, P. & NEUHAUS, R. (eds.). *Against the World for the World*. Nova York: Seabury, 1976, p. 8ss.

apontar que, bem diferente dos teólogos, pessoas comuns em vários países pensam em suas tradições religiosas precisamente nesses termos. Assim, muitos cristãos e judeus na América contemporânea dirão fazer pouco uso de conteúdos propriamente religiosos de suas respectivas tradições, mas valorizar fortemente os ensinamentos éticos – eis por que enviam os seus filhos para serem instruídos nas igrejas e sinagogas!

A tradução de uma tradição religiosa em termos de ética satisfaz o critério acima muito claramente. A ética pode, e de fato deve, ser formulada em termos seculares – ou seja, em termos concernentes ao mundo empírico no qual os seres humanos se relacionam entre si. Lutar por justiça, ser compassivo, preocupar-se com os pobres e os oprimidos – ou preocupações éticas mais específicas, indo desde os códigos sexuais até a abolição da violência –, nada disso precisa ter a ver com quaisquer definições sobrenaturais da realidade. Se se puder manter que o "verdadeiro assunto" do cristianismo (ou do judaísmo, do islamismo etc.) é uma certa atitude com relação a esses problemas morais, então a tradução para a secularidade se completou. Escusado dizer que conteúdos éticos muito distintos podem ser usados para "caber" no modelo. Assim, os ensinamentos alegadamente morais do cristianismo podem incluir a abstinência de sexo extramarital ou, ao contrário, a tolerância universal por todas as expressões de sexualidade; o total pacifismo ou o autossacrifício em guerras justas; a tolerância racial ou a crença no "fardo do homem branco", e assim quase *ad infinitum*. O importante é que se possa manter qualquer uma dessas posições morais e justificá-la mediante uma teoria ética, sem enredar-se em "mitologia".

Uma língua diferente é fornecida pela psicologia. Aqui, o "verdadeiro assunto" da tradição religiosa não é a ética, mas a saúde mental ou a totalidade do indivíduo. Em alguns aspectos, essa variante do modelo é similar às versões que empregam as linguagens da filosofia moderna. E, é claro, há tantas subvariedades dela quanto diferentes formas de psicologia e psicoterapia modernas. Como em todas essas traduções, o procedimento pode ser intelectualmente muito sofisticado ou muito tosco. A tradução da religião em linguagem psicológica tem sido bastante popular na América, tendo provavelmente atingido o seu ápice nos anos de 1950, com profetas da salvação psicorreligiosa tais como Norman Vincent Peale. É assim até hoje, variando desde as complexidades dos junguianos ou dos seguidores de Abraham Maslow até os últimos produtos da indústria de terapia pop. A estratégia cognitiva básica permanece a mesma, independente das diferenças em teoria psicológica e prática terapêutica.

Em voga hoje está o emprego de linguagem política na tradução de tradições religiosas para termos seculares. Esse tipo de tradução é, decerto, muito próximo ao tipo ético, exceto por sua ênfase em problemas coletivos e ativismo. No momento, sua forma prevalente está ideologicamente "à esquerda" – tende a ser marxista em inspiração teórica, anticapitalista e "antiburguesa" em atitude, e se expressa em programas políticos que buscam promover alguma visão do socialismo. É importante perceber que não há nada de necessário nessa coloração ideológica particular. O mesmíssimo procedimento cognitivo pode ter um caráter direitista, e o tem tido com frequência. Assim, há uma longa história na América de pessoas identificando o cristianismo ao "modo de vida" americano, incluindo aí a democracia liberal e até mesmo o capitalismo. É bem possível, dadas as vacilações da política, que essa antiga versão de ideologia político-religiosa venha novamente à tona. Afinal, a imagem de Jesus como uma espécie de Che Guevara prematuro não é intrinsecamente mais plausível do que a de Jesus como protótipo do comerciante bem-sucedido (tal como foi representado no célebre *best-seller* dos anos de 1920, *The Man Nobody Knows* [O homem que ninguém conhece]). E hoje, na América Latina, para cada jovem padre acreditando que a tarefa dos cristãos é construir o socialismo há um jovem oficial do exército achando que o "verdadeiro assunto" do cristianismo é combater o comunismo e as minissaias.

À parte a questão de saber se esse modelo está correto em sua percepção do homem moderno e de sua consciência, há uma dificuldade inerente já mencionada: é difícil parar o processo de secularização, que, depois de um certo ponto, se torna autoliquidável. No nível teórico, uma das principais dificuldades de Bultmann ilustra muito claramente o problema: Por que omitir a ação de Deus em Cristo (ou noção mesma de um Deus agente) do programa de desmitologização? E, se a incluímos no programa, o que resta do cristianismo a ser preservado? No nível prático, o problema é mesmo muito simples: todos os benefícios seculares agora tidos por "verdadeiro assunto" da tradição podem ser conquistados sem ela. Afinal, uma pessoa pode ser moralmente boa sem se assumir cristã ou judia, e nem a psicoterapia nem a política requerem rótulos religiosos na maior parte do mundo contemporâneo. Então, por que se importar com os velhos rótulos? Sociologicamente, isso sugere a hipótese de que as pessoas que se importam o fazem por um apego residual e provavelmente transitório à tradição, e alguns dados da sociologia da religião (ao menos neste país) parecem corroborar essa hipótese.

A crítica do modelo

A dificuldade da opção redutiva, que pode ser resumida na proposição segundo a qual ela tende a ser autoliquidável, é essencialmente sociológica, e, enquanto tal, insuficiente como crítica. Afinal, podemos ser convencidos de que traduzir uma tradição religiosa em termos seculares torná-la-á obsoleta – e, ainda assim, continuar a fazer justamente isso, não por acreditarmos ser essa uma boa estratégia de sobrevivência, mas por julgarmo-la verdadeira. Mas esse não é o único terreno para a crítica. Há objeções mais substantivas a fazer. E foram feitas em larga escala contra o programa de desmitologização de Bultmann; *mutatis mutandis*, elas também se aplicam ao modelo geral de tradução, como o temos chamado aqui. É essa última aplicação, é claro, antes que os detalhes da controvérsia em torno de Bultmann, que ora nos interessa.

Bultmann foi duramente criticado por seu conceito de mito. Isso foi feito tanto por críticos da direita teológica, para quem Bultmann tinha ido longe demais, quanto por críticos de esquerda, para quem ele não tinha ido longe o bastante[80]. Curiosamente, uma das críticas mais abrangentes veio de fora do campo da teologia – do filósofo Karl Jaspers, que alegou a necessidade da linguagem mitológica, tanto nos tempos modernos quanto em quaisquer outros períodos da história, para que o homem lide com as dimensões transcendentes da existência. Segue-se que todo programa para desmitologizar uma tradição religiosa resultará, quer queira quer não, num empobrecimento fundamental do pensamento – ou seja, o empobrecimento da

---

80. Para os primeiros, cf. as críticas de Julius Schniewind (apud BARTSCH. Op. cit., I, p. 85ss.) e de Regin Prenter (apud ibid., II, p. 70ss.). Para os últimos, cf. a crítica de Fritz Buri (apud ibid., p. 85ss.).

perda de transcendência[81]. Jaspers não estava particularmente interessado na defesa da tradição cristã; os que estavam, por sua vez, insistiram reiteradamente em que, segundo a própria definição de mitologia de Bultmann, não fazia sentido desmitologizar o Novo Testamento e interromper o processo justo no ato de Deus em Cristo – também isto deveria ser considerado um mito, e, depois de descartado *esse* mito junto com todos os outros, nada restaria do querigma cristão, exceto um pouco de antropologia existencialista.

Não é acidental que a definição de *mitologia* de Bultmann lembre muito a de *religião*, tal como formulada no capítulo 2 deste livro. A experiência básica em toda religião humana, argumentou-se ali, é precisamente a da interpenetração, de uma outra realidade invadindo ou se impondo sobre a realidade da vida humana ordinária. É escusado dizer que essa interpenetração de mundos não precisa assumir nenhuma forma particular, tal como as cosmologias do judaísmo e do helenismo, que serviam de pano de fundo aos autores do Novo Testamento. Mas negar *qualquer* visão do mundo nos termos dessa interpenetração é, *ipso facto*, invalidar toda experiência religiosa enquanto tal. Foi exatamente o que fez o pensamento secular moderno. Com efeito, a secularidade moderna postula um cosmos em que não há sobrenatural, nenhum mundo além, nenhuma vista oriunda deste. Mas, se damos crédito a esse cosmos, devemos extrair-lhe as devidas consequências, como foi feito por uma longa linhagem de pensadores secularistas desde o Iluminismo. Uma das consequências devidas é a desistência do uso de metáforas derivadas de um cosmos muito diverso. Em outras palavras, se é

---

81. Ibid., III, p. 9ss. Cf. tb. JASPERS, K. & BULTMANN, R. *Die Frage der Entmythologisierung*. Munique: Piper, 1954.

verdadeira a visão de mundo da secularidade moderna, deve-se ter a decência de cessar o uso de linguagem religiosa. O fato histórico de que alguma filosofia moderna, *insight* moral, técnica psicoterapêutica ou agenda política tenham *origens* cristãs não é motivo suficiente para que alguém se diga cristão. Gratidão histórica, por assim dizer, não é razão para ter fé.

Bultmann foi severamente responsabilizado por sua compreensão do homem e da consciência modernos. Da parte da direita teológica, é claro, a crítica implicava uma acusação de idolatria. Como era de se esperar, essa acusação foi feita por Karl Barth com a veemência habitual[82]. Mas a absolutização de Bultmann de uma visão de mundo moderna também pode ser criticada desde posições muito distantes da neo-ortodoxia. Assim, Jaspers criticou-o por uma concepção equivocada de ciência moderna e de sua relação com a filosofia; os pressupostos de Bultmann, alegou Jaspers, não eram os da ciência, mas os de um "cientificismo" grosseiro ligado antes ao século XIX que ao XX. Ademais, o homem moderno não era a criatura plana e positivista que Bultmann queria nos fazer crer.

A falta de distância crítica em relação à consciência moderna não é apenas uma falha de Bultmann. Ela é comum a todas as versões do modelo da tradução. Todas partilham a convicção (por vezes explícita, mas mais frequentemente implícita) de que o homem moderno encontra-se numa espécie de pináculo cognitivo, de onde pode contemplar e superar todas as fraquezas de seus predecessores. Sob escrutínio cerrado, essa convicção é bem difícil de sustentar. Assim, pode-se concordar que o domínio da tecnologia moderna (a eletricidade, o rádio e a

---

82. BARTH, K. *Rudolf Bultmann*: Ein Versuch, ihn zu verstehen. Zollikon-Zurique: Evangelischer Verlag, 1952.

medicina de Bultmann) de fato mudou a visão de mundo do homem moderno. Pode-se até mesmo reconhecer que, em algumas áreas, houve ganhos cognitivos. Mas terá sido mesmo assim em *todas* as áreas? Não seria possível imaginar que, se por um lado o homem moderno obteve alguns *insights* válidos sobre a realidade, por outro tenha perdido *insights* igualmente válidos? E, dentre estes, a relação enfraquecida do homem moderno com o domínio da transcendência não deveria constar no topo da lista? Mesmo reconhecendo (e não é obrigatório fazê-lo) que, no momento em que passamos a usar uma escova de dentes elétrica ou assistir à *CBS News*, o mundo dos deuses recua para a implausibilidade, seria isso necessariamente um avanço em relação ao autor do Evangelho de João? (Para não falar em Sócrates, Ésquilo e Buda.) Colocar essas questões é começar a respondê-las. As respostas não sustentam os pressupostos de Bultmann, nem tampouco os de quaisquer outras formas de teologia secularizante.

Em verdade, a consciência moderna é um fenômeno bem mais complicado. Ela contém, de fato, um componente secularizante, como já apontamos, mas as razões para isso podem ser sociologicamente analisadas, e têm pouco ou nada a ver com alguma espécie de superioridade epistemológica do homem moderno. A compreensão dos determinantes sociológicos da consciência moderna (incluindo um dos principais, o pluralismo) torna difícil absolutizá-la ou denegri-la radicalmente. A história cria e dissolve uma estrutura de consciência atrás da outra. Cada qual deve ser levada a sério, e encarada nos termos de seus possíveis *insights*. Nesse sentido, a consciência moderna é somente uma dentre muitas estruturas historicamente disponíveis – nem mais, nem menos. Ver o assunto sob essa ótica evita quaisquer afirmações apodíticas sobre coisas nas quais o homem moderno "já não pode" acreditar. Neste como em vários outros temas, a compreensão histórica e a sociologia do conhecimento conspiram para produzir um saudável ceticismo em relação às certezas estabelecidas de qualquer época, incluindo a nossa.

Finalmente, Bultmann foi criticado (de novo, mais exaustivamente, por Jaspers) por sua visão demasiado manca da condição humana, uma visão assaz pessimista. Nesse caso, as lúgubres categorias do existencialismo heideggeriano servem para explicá-la. Mas a condição humana é mesmo assim tão cruel? Poucas pessoas, inclusive poucos filósofos, o negariam. Ademais, a plausibilidade de uma visão de mundo baseada na *Angst* pode ser compreendida nos termos da sociologia do conhecimento (um argumento já avançado no capítulo anterior acerca da neo-ortodoxia). Outras versões do modelo da tradução, é claro, usam categorias diversas. Mas é interessante que muitas delas partilhem um viés em geral pessimista: as coisas são de fato muito cruéis – e, *portanto*, um conjunto particular de símbolos salvíficos é plausível. Esse viés pessimista é proeminente tanto na versão psicoterapêutica quanto na política do modelo hoje em voga. Os seres humanos estão acossados por todas essas neuroses incapacitantes – e, pois, em desesperada necessidade de terapia. Ou sentem-se oprimidos e alienados por um sistema socioeconômico particular – e, pois, anseiam por uma redenção revolucionária. Acontece também que muitas pessoas não se sentem psicologicamente incapacitadas nem, tampouco, socialmente oprimidas. O jeito típico de lidar com esse fato inconveniente é usá-lo para demonstrar *o quão ruins* as coisas realmente estão: tão ruins que as pessoas nem mesmo sabem estar incapacitadas, neuróticas, exploradas e assim por diante! A teoria freudiana da repressão e a teoria marxista da falsa consciência são talhadas para fazer esse truque de inverter toda evidência contrária. Mas essa é uma outra história. Basta dizer aqui que a plausibilidade de várias versões do modelo da tradução colapsa em face de avaliações mais otimistas da vida humana.

O homem como simbolizador e como símbolo

O conceito de projeção de Ludwig Feuerbach não foi a primeira, mas decerto a mais clássica formulação do procedimento básico de tradução. Feuerbach entendia a religião como uma gigantesca projeção sobre o cosmos de preocupações humanas: o "verdadeiro assunto" da religião é a vida humana, a realidade humana, os medos e anseios humanos. Consequentemente, o programa de Feuerbach era a tradução da teologia em antropologia: as proposições referentes a realidades sobre-humanas devem ser reduzidas a proposições com referência humana apenas. Essa foi, de fato, uma revolução copernicana nas reflexões humanas sobre a religião, com amplas consequências na história das ideias. Mais imediatamente, ela foi a base para a reinterpretação de Marx da condição humana (segundo esta, todo mundo deve passar pelo "córrego ardente" dessa revolução cognitiva antes de tornar-se capaz de compreender alguma coisa sobre o homem, a história ou a sociedade). Mas, com grande vitalidade, também moldou tanto Nietzsche quanto Freud, pairando sobre qualquer outro programa de secularização da visão religiosa sobre a realidade (incluindo o de pensadores que ignoram Feuerbach). É, por assim dizer, a forma-*Ur* ou o conceito-chave de todo reducionismo.

Feuerbach tampouco pode ser descartado facilmente. As ciências histórica, social e psicológica dos dois últimos séculos demonstraram efetivamente, sem sombra de dúvida, que cada tradição religiosa é plena em projeções de uma variedade de interesses humanos assaz mundanos. Assim, cada fio da literatura do Novo Testamento tem aquilo que os estudiosos bíblicos chamaram de *Sitz im Leben* – ou seja, sua "situação" sócio-histórica. Logo, uma tradição religiosa pode, de fato, ser situada em termos de circunstâncias econômicas (Marx), frustrações emocionais (Freud), ou ressentimentos coletivos (Nietzsche). O moderno estudo científico da religião não seria possível sem essas demonstrações de determinantes mundanos do que se supõe extramundano. Estipulemos em princípio (pois se pode, evidentemente, questionar interpretações específicas) que essas demonstrações sejam válidas. O ponto é que elas não contam toda a história. Uma analogia pode ser útil aqui. Tomemos o caso de viajantes que regressam ao lar com relatos de um país distante. Assumamos ser possível demonstrar indubitavelmente que cada um desses relatos é determinado pelas características históricas, socioeconômicas e psicológicas do viajante em questão. Assim, um viajante vê o país distante como um reflexo da história passada de seu próprio país, outro descreve-o como a solução dos problemas sociais que o afligiram durante a vida, e um terceiro percebe-o como a encarnação de seus piores medos ou de suas melhores esperanças. E assim sucessivamente. Quando o observador crítico analisa todos esses relatos, é-lhe perfeitamente plausível conceber o país distante como uma gigantesca projeção do próprio país do viajante. Com efeito, os relatos dos viajantes serão muito úteis para uma melhor compreensão de seu país natal. Contudo, nada disso invalida a proposição de que o país distante existe de fato, e de que algo dele pode ser apreendido a partir daqueles relatos. O ponto-final não é que Marco Polo fosse italiano – e, quiçá, um italiano com toda sorte de ressentimento de classe e um Complexo de Édipo não resolvido –, *mas que ele tenha visitado a China.*

Na esteira de Feuerbach, a filosofia e a ciência modernas estão assaz corretas em ver a religião como simbolização do mundo humano. Os deuses são, de fato, símbolos de realidades humanas. Mas, independente do quão importante seja esse *insight*, ele não implica necessariamente que os deuses não sejam *nada além* disso. A experiência religiosa insiste em que, acima e além de sua capacidade de tornarem-se símbolos humanos, os deuses habitam uma realidade *sui generis*, soberana e independente daquilo que nela projetam os seres humanos. Ademais, a experiência religiosa sugere que a compreensão oposta do assunto é, em última instância, a mais importante: em sua totalidade, o mundo humano (incluindo seus vários sistemas simbólicos) é ele mesmo um símbolo – um símbolo do divino. No sentido mais literal de "símbolo", o mundo humano *representa* algo além de si próprio. Ele é um reflexo, um sinal, uma insinuação de um outro mundo. Se os homens projetam os seus próprios significados no céu, a própria capacidade de fazê-lo deriva do fato de possuírem uma afinidade celestial. Feuerbach e seus sucessores captaram apenas um lado dessa dialética do *homem-como-simbolizador/homem-como-símbolo, homem-como-projetor/homem-como-projeto*. Apreender a dialética em sua plenitude é, *ipso facto*, começar a transcender os limites da consciência secular moderna. É também rejeitar a opção redutiva para o pensamento religioso contemporâneo.

5 A possibilidade indutiva: da tradição à experiência

Toda tradição consiste em memórias congeladas. E todo questionamento à tradição levará provavelmente a um esforço de descongelá-las. É assim até mesmo com indivíduos. Um indivíduo também desenvolve minitradições. Proeminentes entre elas estão as tradições da juventude, congeladas em algum ponto do caminho, e levadas nesse estado fixo a fases posteriores da vida. Por exemplo, um antigo caso de amor é congelado num número limitado de imagens, como quadros da mente. Sempre que o indivíduo pensa nesses eventos do passado, ou fala sobre eles, são essas imagens que são evocadas ritualmente. Então, algo surge para pôr em xeque essa construção – ela já não cabe na nova autodefinição do indivíduo, ou alguém chega com uma nova versão, ou (pior ainda) o velho amor perdido ressurge em carne e osso, impondo a terrível questão: "Como é que eu já pude amar *essa* pessoa?!" Nesse ponto, o indivíduo torna-se interessado em desfazer a tradição e buscar evidências – digamos, velhas cartas e outros escritos, ou as lembranças de testemunhas que ainda estejam por perto. Em outras palavras, o indivíduo agora embarca numa empreitada para desvelar as experiências que, há muito tempo, acabaram incorporadas numa tradição de amor juvenil.

É escusado dizer que esse processo de fazer remontar a tradição às experiências que de início a produziram é mais complexo se as memórias em questão são coletivas em vez de individuais. Mas a empreitada fundamental é a mesma. Haverá, acima de tudo, o anseio por descobrir "como realmente foi" (nas palavras do historiador alemão Ranke, "*wie es wirklich gewesen ist*"). Como argumentamos anteriormente neste livro, a situação moderna põe a tradição inevitavelmente em xeque, e dá azo a uma grande curiosidade em saber "como realmente foi". Os assim chamados subjetivismo e empirismo do pensamento moderno, a sua fascinação pela consciência e pela experiência, tem pois uma inescapável dimensão histórica. Não é por acaso que a era moderna tenha sido chamada de a era do "historicismo"; Hegel, muito provavelmente, é o filósofo que representa o pensamento "historicizado" em sua forma mais sofisticada, mas está longe de ser o único representante. Seja como for, as raízes do "historicismo" moderno são existenciais mais que teóricas. Estão nos requisitos cognitivos de uma situação em que todas as memórias não parecem confiáveis, e na qual os indivíduos, mesmo os mais não filosóficos entre eles, vêm a desenvolver um interesse pessoal em saber "como realmente foi". A subjetivização e a historicização da religião no pensamento moderno têm ambas a mesma origem.

Como já argumentamos, o protestantismo enfrentou esse processo antes e de maneira mais profunda do que qualquer outra tradição religiosa – por razões que nada devem a alguma superioridade cognitiva, ou, ao contrário, a algum defeito, do protestantismo, mas sim à relação particularmente íntima dessa religião com a gênese do mundo moderno. Logo, mais uma vez o protestantismo provê a melhor ilustração de uma terceira possibilidade de lidar com o imperativo herético da situação moderna – a possibilidade indutiva. O termo "indução" é usado aqui em seu sentido mais comum – qual seja o de partir da evidência empírica. Isso significa duas coisas: tomar a experiência humana como ponto de partida da reflexão religiosa, e recorrer aos métodos do historiador para descobrir aquelas experiências humanas encarnadas nas várias tradições religiosas. A teologia liberal protestante tem sido caracterizada sobretudo por esses dois princípios metodológicos, e, por essa razão, é de grande interesse mesmo aos que não estão nem aí para a questão substantiva que tem tirado o sono dos teólogos protestantes. O presente interesse também é antes de tudo metodológico. Em outras palavras, a abordagem indutiva exemplificada pelo liberalismo protestante será vista como *um modelo possível para se pensar sobre religião* – não apenas o cristianismo, tal como modificado pela Reforma, mas *qualquer* religião.

De volta a Schleiermacher
É preciso uma figura paradigmática para eclipsar uma outra. Karl Barth, discutido no capítulo 3 como o caso mais ilustrativo da opção neo-ortodoxa no protestantismo moderno, caracterizou Friedrich Schleiermacher como a figura paradigmática do liberalismo protestante. Com efeito, ao longo da sua obra, Barth manteve um contínuo diálogo com Schleiermacher (um diálogo em que, incidentalmente, sempre tratou o seu oponente invisível com grande respeito e empatia). Poucos historiadores hoje em dia questionariam Barth sobre isso. Schleiermacher é mesmo uma figura imponente, lançando sua grande sombra sobre a teologia protestante ao longo do século XIX. E, tal como observamos – e como Barth também viu muito corretamente –, o século XIX terminou para o protestantismo (bem como para vários outros componentes da civilização ocidental) não em 1900,

mas com a Primeira Guerra. O presente argumento seguirá a avaliação de Barth sobre esse assunto. Se queremos entender o modelo cognitivo da indução em sua forma protestante, é a Schleiermacher que devemos recorrer[83].

Schleiermacher foi um grande revisionista. O revisionismo é possível em todas as tradições, mas o protestantismo tem, por assim dizer, uma tendência inerente a ele[84]. A Reforma Protestante contrapôs-se à autoridade de Roma revendo a tradição então em voga em nome das Escrituras; logo, os reformadores foram compelidos a retornar às fontes de toda a tradição cristã – ou seja, a tentar descobrir "como realmente foi". E os reformadores (Lutero de maneira mais dramática) também lutaram por seu direito à consciência ao desafiar a autoridade tradicional. Em outras palavras, tanto o "historicismo" moderno quanto o moderno subjetivismo têm, para dizer o mínimo, conexões íntimas com o protestantismo. Em ambos os aspectos, Schleiermacher era muito protestante. Em termos de sua bagagem setecentista, ele mobilizou esses impulsos "*ur*-protestantes" para se opor a duas formas predominantes de pensamento religioso em sua época – uma rígida ortodoxia protestante, por um lado, e o racionalismo iluminista, por outro, ambos os quais ele considerava áridos e insatisfatórios. Escusado dizer, a obra de Schleiermacher tinha suas influências contemporâneas (e, também escusado dizer, pesquisadores seguem discutindo sobre

---

83. A obra definitiva sobre a vida e o pensamento de Schleiermacher continua sendo *Leben Schleiermachers*, de Wilhelm Dilthey [4 vols., mais recentemente republicado por Walter de Gruyter, Berlim, 1966-1970). Para interpretações mais recentes, cf. MACKINTOSH, H. *Types of Modern Theology*. Nova York: Scribner's, 1937. Para uma visão essencialmente negativa, cf. REDEKER, M. *Schleiermacher*: Life and Thought. Filadélfia: Fortress, 1973 [uma defesa equilibrada da teologia de Schleiermacher]. • WILLIAMS, R. *Schleiermacher the Theologian*. Filadélfia: Fortress, 1978 [uma interpretação de Schleiermacher em termos de fenomenologia que considero muito útil aqui].

84. É o que Paul Tillich chamou de "o princípio protestante".

quais delas foram as mais importantes) – o pietismo, com a sua ênfase na experiência religiosa pessoal (as origens de Schleiermacher são calvinistas, mas ele foi criado em escolas pietistas); o movimento romântico, com a sua ênfase no "sentimento" (*Gefühl*), que afinal de contas é apenas um outro termo para experiência (Schleiermacher era amigo íntimo do romântico Schelling); e a filosofia kantiana, com sua ênfase nos limites da razão e sua busca pela essência *a priori* das coisas (argumentou-se que Schleiermacher pretendia completar e corrigir a obra de Kant mediante a escrita de uma "crítica da religião").

Schleiermacher fundiu todas aquelas influências numa construção teórica de grande originalidade e vasto poder intelectual. O seu empreendimento de vida foi uma reformulação da teologia cristã em termos da experiência humana da fé[85]. Essa teologia seria empírica (especialmente no sentido de uma reconstrução histórica da experiência religiosa) e antropológica (partindo de dados humanos comumente disponíveis). Da mesma forma, essa teologia pode ser chamada de indutiva[86]. Barth caracterizou-a muito justamente como uma teologia da consciência, e como tal ela se tornou um paradigma negativo para todos os teólogos neo-ortodoxos neste século[87]. Nisso eles estavam certos (à parte detalhes de interpretação ou má interpretação). Se a neo-ortodoxia significa tomar a revelação divina, antes que a

---

85. Ele próprio utilizou o termo "místico" para se referir a isso, mas o termo é enganoso (e enganou muita gente) se o associamos ao fenômeno comumente chamado de misticismo.

86. Mackintosh (Op. cit., p. 86) de fato usa a expressão "método indutivo". Eu não sei se Schleiermacher influenciou a visão de William James segundo a qual a abordagem adequada à religião deveria consistir em "operações indutivas e interpretativas" (*The Varieties of Religious Experience*. Nova York: Collier Books, 1961, p. 339).

87. O ataque mais contundente desse campo a Schleiermacher veio em BRUNNER, E. *Die Mystik und das Wort*. Tübingen: Mohr, 1924. É digno de nota que Barth tenha se dissociado dessa interpretação pejorativa e unilateral.

experiência humana, como ponto de partida da reflexão religiosa, então a abordagem indutiva de Schleiermacher é, com efeito, a alternativa diametricamente oposta.

É obviamente impossível dar aqui um panorama da obra complexa e prolífica de Schleiermacher. Apenas dois de seus trabalhos serão brevemente analisados – as preleções *On Religion* (1799), que o tornaram famoso quase que da noite para o dia, e o estudo sistemático empreendido em sua fase mais madura, *The Christian Faith* (1821). Nem preciso dizer que, mesmo nesse caso, apenas os melhores momentos desses dois trabalhos serão apresentados.

As preleções *On Religion* (cujo subtítulo é *Speeches to the Cultured Among Its Despisers*) foram dadas em Berlim antes de Schleiermacher conquistar uma posição acadêmica (ele era capelão de um hospital). Mesmo hoje, ao lermos o texto, ficamos impressionados por sua força e elegância[88]. Desde o início, ele se volta à questão central: Qual é a essência (*Wesen*) da religião? Tal essência é definida por Schleiermacher como a experiência do infinito, ou de Deus, também caracterizada como de dependência absoluta[89]. *Esse* é o verdadeiro assunto da religião – *não* a especulação teórica, *nem* a pregação moral. As doutrinas e as máximas morais são resultado da reflexão sobre a experiência religiosa e da aplicação prática dessa experiência – ou seja, são apenas a roupagem externa da religião. A experiência subjacente a toda religião, a sua essência, é a descoberta do infinito dentro do fenômeno finito da vida humana. Tal descoberta dota o ho-

---

88. "Über die Religion: Reden an die gebildeten unter ihren Verächtern". In: *Sämtliche Werke*, I. Berlim: Reimer, 1843, p. 133ss.

89. Uso o termo "experiência" como tradução do *Gefühl* de Schleiermacher. Acredito que essa tradução corresponde plenamente à intenção do autor, e evita os mal-entendidos suscitados pela opção por "sentimento". Cf. WILLIAMS. Op. cit., p. 23ss.

mem de um senso de absoluta dependência ou contingência, o deslumbramento que está no cerne da atitude religiosa. Se compreendemos esse fato central sobre a religião, afastamo-nos das "infantis operações dos metafísicos e moralistas da religião"[90].

Uma das críticas básicas dirigidas a Schleiermacher tem sido a de que o seu método foi o predecessor do de Feuerbach. Mas seria mais correto dizer que ele foi o seu oposto. Aquele, como já indicamos, buscava reduzir a infinitude à finitude, traduzir a teologia em antropologia. Schleiermacher, ao contrário, usa a antropologia apenas como o ponto de partida de sua teorização, vendo o finito atravessado por manifestações do infinito. Em sua discussão sobre os milagres (um tópico delicado num meio intelectual saturado por racionalismo iluminista), argumenta que o mundo está cheio deles, no sentido de *sinais e insinuações do infinito* ocorrendo até mesmo nos eventos mais naturais e comuns[91]. Para usar uma terminologia mais recente, o universo empírico é um símbolo do infinito, e nesse sentido "miraculoso", continuamente permeado por indícios de uma realidade transcendente. A compreensão de Schleiermacher quanto à revelação (que, é claro, chocou todos os teólogos ortodoxos) era coerente com esta, por assim dizer, interpretação simbólica da realidade empírica. Ele define a revelação como "toda manifestação nova e original do universo e de sua vida mais recôndita ao homem"[92]. Deve-se notar que, implícita nessa definição, está a *pluralidade* de revelações, que portanto desafia imediatamente a autocompreensão ao estilo "de uma vez por todas" de todo tipo de ortodoxia.

---

90. *Über die Religion*, p. 248 [trad. minha].
91. Ibid., p. 248-249. As palavras alemãs aqui são *Zeichen* e *Andeutungen*.
92. Ibid., p. 249 [trad. minha].

Schleiermacher tinha plena consciência do caráter problemático dessa visão para um cristão (ou, *mutatis mutandis*, para qualquer um cuja fé esteja comprometida com uma revelação específica). A sua quarta preleção, uma espécie de tratado precoce em sociologia da religião, lida com o modo pelo qual a experiência religiosa vem a encarnar-se numa comunidade humana[93]. Essas considerações sociológicas levam direta e logicamente ao simples fato de que há *muitas* dessas comunidades de fé – esse o tema da quinta preleção[94]. A multiplicidade de formas religiosas é consequência natural da experiência central da religião. Mas isso não significa que todas elas sejam igualmente válidas ou que devam ser tidas por manifestações provisórias do divino. A noção iluminista de uma "religião natural" universal e comum é uma pálida abstração, empiricamente inadequada para lidar com formas religiosas concretas (as "religiões positivas") da história humana. Até aí tudo bem. Mas Schleiermacher deve lidar agora com a óbvia questão sobre como é possível estimar a validade de qualquer forma religiosa particular (e, *ipso facto*, da revelação que pretende encarnar).

Schleiermacher propõe um método de investigação em que toda religião, mesmo quando degenerada em rituais vazios e teorias abstratas, é remetida à sua fonte experiencial. Esse método é tanto histórico quanto fenomenológico. Ele permite a descoberta de que "todas as brasas mortas já foram efusões incandescentes de fogo interior"[95]. À medida que essas experiências de "fogo interior" voltam à tona, torna-se possível avaliar as

---

93. Ibid., p. 316ss. A preleção tem o título "On the Social [*das Gesellige*] in Religion". A "Igreja" é definida como "uma comunidade [*Gesellschaft*] de seres humanos cuja crença deu-se à consciência" (p. 327). Pode-se ampliar isso para "consciência *coletiva*" e, pois, passar de Schleiermacher diretamente a Durkheim.
94. Ibid., p. 385ss., intitulada "On the Religions".
95. Ibid., p. 394 [trad. minha].

formas específicas de religião como estando próximas ou afastadas da experiência fundamental de Deus. Em outras palavras, as operações históricas e fenomenológicas (remeter as tradições às suas experiências originais, e captar sua essência) constituem o prelúdio da operação teológica propriamente dita, que deve buscar estimar os juízos de verdade das revelações em questão.

No contexto do presente livro, é digno de nota que Schleiermacher tenha chamado esse método de "heresia": "Toda forma específica de religião... é uma religião positiva particular. [É, portanto,] em relação à totalidade do fenômeno religioso – para usar uma palavra que deveria ser reabilitada –, *uma heresia [eine Haeresis]*, porque, em meio a tantas, uma é escolhida, por assim dizer, para liderar as outras!"[96] Logo, Schleiermacher confronta-se com aquilo que chamamos de imperativo herético. Sem vacilar, ele também persegue a questão de por que se deve escolher o cristianismo em vez de outra "religião positiva". O cristianismo é comparado a outras religiões, estas descritas de forma bastante enviesada (há, p. ex., uma longa discussão sobre o caráter "atrofiado" do judaísmo, com a qual poucos historiadores contemporâneos concordariam). Ele é então afirmado como "a idealização mais perfeita" de religião[97]. A superioridade do cristianismo é derivada principalmente da "ideia" de Cristo como mediador, uma "ideia" que expressa perfeitamente a presença do infinito dentro do finito. É notável o aspecto cristocêntrico da teologia de Schleiermacher, tendo em vista as críticas que se lhe foram dirigidas.

---

96. Ibid., p. 403 [trad. minha; grifo meu]. Uma nota de pé de página indica que o termo "heresia" era usado positivamente, tanto no pensamento helênico quanto no judaísmo helenizado, com o sentido de escola filosófica ou médica, e que seu uso pejorativo pelos cristãos carece de base etimológica.

97. Ibid., p. 247.

A essência da experiência religiosa especificamente cristã, portanto, é a "ideia" de Cristo como mediador entre Deus e o homem; nos termos da própria metodologia de Schleiermacher, a palavra "ideia" *não* deve ser tomada em sentido abstrato e teórico; "tema central" seria um melhor termo para se usar hoje em dia[98]. Seja como for, "ideia" refere-se à essência da *experiência* cristã. As Escrituras cristãs gozam de autoridade apenas na medida em que são o testemunho mais importante dessa experiência. Schleiermacher afirma que esses escritos particulares tornaram-se sagrados "em virtude de sua própria força" – e acrescenta, com espantosa liberalidade, que outros textos poderiam lhes fazer companhia caso demonstrassem a mesma força![99]

O ousado esboço de abordagem teológica apresentada por Schleiermacher nos discursos de 1799 finalmente levou-o ao elegante sistema da dogmática de 1821; da mesma forma, este trabalho, *The Christian Faith*, pode ser visto como o ápice de seu empreendimento "herético"[100]. Todo o alcance da doutrina cristã clássica é aí reorganizado nos termos do método indutivo. Em outras palavras, cada proposição derivada da tradição cristã é remetida a experiências religiosas específicas que, em tese, estavam na raiz dessa tradição. Deve-se sublinhar que esse procedimento metodológico pode ser visto em separado dos argumentos substantivos feitos por Schleiermacher. E encará-lo desse ponto de vista é, decerto, o nosso objetivo aqui. Portanto,

---

98. Schleiermacher pode ser comparado aqui ao teólogo sueco Anders Nygren, que desenvolveu o método de "pesquisa por tema". Essa comparação foi feita em JOHNSON, W. *On Religion*: A Study of Theological Method in Schleiermacher and Nygren. Leiden: Brill, 1964.
99. *Über die Religion*, p. 433-434. O termo alemão usado aqui é *Kraft*.
100. "Der christliche Glaube nach den Grundsätzen der evangelischen Kirche". In: *Sämtliche Werke*. Vols. III-IV. Berlim: Reimer, 1861.

podemos nos interessar pelo método de Schleiermacher sem necessariamente aceitar os resultados aos quais, na opinião do autor, ele necessariamente conduz. De modo mais claro e mais abrangente do que em *On Religion*, esse método baseia-se na análise da experiência religiosa em geral, e cristã em particular.

A essência da religião não é o conhecimento teórico nem a atividade prática (a exemplo das ações morais), mas um tipo particular de experiência. Ela é descrita como "uma autoconsciência imediata"[101]. É claro que isso poderia ser descrito como uma forma de subjetivismo, mas o termo deve ser aplicado cuidadosamente. Em nenhum momento Schleiermacher sustenta que a experiência religiosa seja *apenas* autoconsciência humana. Ao contrário, ele insiste que a consciência religiosa é consciência *de algo para além de si* – tão além, de fato, que o sujeito humano se vê como totalmente dependente daquela outra realidade ou ser situados no centro da experiência. Em outras palavras, começar com a consciência humana não significa terminar nela; ao contrário, no caso de Schleiermacher, a consciência humana só interessa ao teólogo na medida em que guarda as marcas, ou "insinuações", de um Deus que está muito acima da medida humana[102]. Novamente, a experiência de dependência absoluta é descrita como a experiência central da religião.

A "autoconsciência devota" resultante da experiência religiosa deve necessariamente ser expressa em formas coletivas, ou "comunidades devotas". A Igreja cristã é apenas uma delas,

---

101. Ibid., III, 6: "*Eine Bestimmtheit des Gefühls oder des unmittelbaren Selbstbewusstseins*". Novamente, eu acho que *Gefühl* aqui deve ser traduzido por "experiência".

102. É nesse sentido que Williams (op. cit.) vê-se no direito de interpretar Schleiermacher como um fenomenologista: a consciência é encarada nos termos daquilo que Husserl chamou de *sua intencionalidade* – ou seja, o objeto ao qual ela tende. Concordo com essa interpretação. Nesse caso, tal como Schleiermacher o vê, o objeto da consciência é radicalmente meta-humano. Consequentemente, é bastante errado culpar o nosso autor pela redução feuerbachiana da teologia a antropologia.

formada pelas características específicas de sua experiência religiosa. De maneira agora mais ampla do que no trabalho anterior, a superioridade do cristianismo sobre as religiões do mundo é reivindicada em termos de desenvolvimento (ou, se se quiser, de evolução). Há diferentes estágios no desenvolvimento da religião humana. Dentro do estágio superior do monoteísmo, o cristianismo é a forma mais perfeita. Isso não significa, contudo, que todas as outras formas sejam falsas; antes, elas são não apenas estágios necessários como também *insights* parciais sobre a constituição religiosa do universo. Portanto, a perfeição do cristianismo é mais uma vez alegada mediante uma comparação essencialmente pejorativa com outras religiões, mas também (e isso é metodologicamente mais importante) pelo foco sobre o caráter redentor de Cristo. Em outras palavras, o cristianismo é a religião mais desenvolvida graças àquilo que tem a dizer sobre Jesus Cristo. A mensagem cristã de salvação toca as mais profundas carências humanas. Em Schleiermacher, a combinação peculiar de cristocentrismo com análise da consciência produziu uma organização fortemente dualista na maior parte de sua obra: há, por um lado, longas análises sobre como a condição e a consciência humanas precisam de redenção (como no tratamento dado à doutrina do pecado), e, por outro, discussões sobre como a atividade redentora divina supre essa necessidade. Portanto, não há contradição no procedimento: toda a obra é organizada nos termos dos conteúdos da "autoconsciência devota" cristã – mas, dado que esses conteúdos focam todos em Jesus Cristo, a obra também é radicalmente cristocêntrica!

Também daquela metodologia, segue-se que não deve haver confusão entre o nível da experiência e o da teorização religiosa, entre fé e dogma. A experiência vem antes de toda teoria sobre ela. Esse *insight* protege Schleiermacher do dogmatismo da ortodoxia protestante. É por essa razão, decerto, que ele deu aquele título à sua obra sistemática. Também é importante notar, todavia, que o subtítulo é *According to the Principles of the Evangelical Church* [Segundo os princípios da Igreja Evangélica]. Em outras palavras, o método de Schleiermacher não o levou a uma posição teológica divorciada de toda tradição ou comunidade. Ele permaneceu profundamente comprometido com a Igreja Protestante alemã, tendo sido seu pastor durante toda a vida, e até mesmo celebrado a comunhão com sua família no leito de morte. Em retrospecto, o observador do século XX dificilmente será convencido pelos argumentos de Schleiermacher acerca da superioridade do cristianismo. Mas sê-lo-á tampouco pelos críticos do teólogo, para quem o seu método conduz a uma noite em que todos os gatos são pardos, e na qual o cristianismo é dissolvido numa noção de religião genérica e inevitavelmente pálida. O pensamento e a vida de Schleiermacher contradizem essa conclusão.

Um modelo indutivo

Não é difícil enxergar na obra de Schleiermacher um modelo para a possibilidade indutiva no pensamento religioso moderno – não apenas porque ela contém, de maneira assaz lúcida, os ingredientes cruciais dessa abordagem, mas também porque, em verdade, a perspectiva schleiermacheriana serviu de modelo para a teologia protestante por mais de um século. Não é exagero dizer que, até o surgimento da neo-ortodoxia barthiana nos anos de 1920, a teologia protestante pós-Schleiermacher foi uma longa batalha com o seu fantasma (especialmente, mas não apenas, nos países germanófonos). O liberalismo teológico protestante tem sido caracterizado de várias maneiras, mas é aceitável afirmar que, em seu núcleo duro, está o método indutivo desenvolvido inicialmente por Schleiermacher. Dito de outro modo, se há uma categoria central no liberalismo teológico protestante, é a de experiência religiosa (muito embora, como já observamos, vários termos tenham sido usados para denotá-la). O cerne do modelo indutivo é, muito simplesmente, a afirmativa de que um tipo específico de experiência humana define o fenômeno chamado religião. Essa experiência pode ser descrita e analisada. Toda reflexão teórica sobre a religião (incluindo a empreitada teórica da teologia) deve partir da experiência religiosa (tanto assim que, para a teologia, o procedimento inevitável é ir do humano ao meta-humano, e não o contrário). Assim como há uma experiência religiosa fundamental, há também uma multiplicidade de formas religiosas na história. Todas devem ser descritas e analisadas nos termos de sua essência, de modo a que a investigação dos juízos de verdade inerentes a cada uma esteja baseada na análise comparativa e histórica. O cristianismo não é uma exceção. Ele é uma das formas religiosas historicamente disponíveis, analisável pelos mesmos métodos empíricos e fenomenológicos. Sejam quais forem os juízos de verdade feitos pelo cristianismo, e independente de seu fundamento, eles devem ser capazes de resistir ao escrutínio do raciocínio indutivo. Em outras palavras, a teologia cristã não pode ocorrer num santuário que lhe forneça imunidade contra as questões postas pela ciência histórica e outras disciplinas empíricas. O objetivo de prosseguir teologizando em tal santuário é o nítido critério diferenciador entre o liberalismo teológico e os seus adversários ortodoxos e neo-ortodoxos: os teólogos liberais negam a validade e a exequibilidade desse objetivo; os ortodoxos e neo-ortodoxos continuam a persegui-lo.

As imensas contribuições historiográficas da literatura protestante do século XIX podem ser compreendidas como uma parte importante da herança de Schleiermacher. Dada a premissa indutiva, torna-se urgente estabelecer da maneira a mais precisa possível "como realmente foi" – na história da antiga Israel, da comunidade cristã primitiva, e do desenvolvimento da Igreja cristã desde então. Dada a mesma premissa, o estudioso protestante não apenas tinha um motivo para descobrir "como realmente foi", mas também uma autocompreensão teológica que lhe permitia assumir os riscos desse empreendimento intelectual. Daí que a grande maioria desses estudiosos, mesmo quando encontrava fatos históricos altamente perturbadores para a ortodoxia (tal foi especialmente o caso da pesquisa bíblica), tenha podido permanecer dentro da comunidade protestante, em muitos casos como pregadores ordenados, sem comprometer a sua integridade intelectual. Ao mesmo tempo, essa vasta empreitada de pesquisa histórica interagia continuamente com as formulações da teologia sistemática. Com efeito, essa teologia tornou-se ela própria uma disciplina predominantemente histórica – ou, no mínimo, com uma profunda consciência histórica.

A escola de Albert Ritschl foi a principal corporificação do impulso histórico da teologia protestante nesta era[103]. Mas um outro indivíduo pode ser visto como a figura singular mais representativa dessa linha, a saber, Adolf von Harnack[104]. Um historiador do dogma, e autor daquela que ainda é a história definitiva do desenvolvimento da doutrina cristã, a vasta obra de reconstrução erudita de Harnack brota diretamente

---

103. Cf. STEPHAN, H. & SCHMIDT, M. *Geschichte der deutschen evangelischen Theologie*. Berlim: Toepelmann, 1960, p. 214ss. • MACKINTOSH. Op. cit., p. 138ss.
104. Cf. STEPHAN & SCHMIDT. Op. cit., p. 245ss. • PAUCK, W. *Harnack and Troeltsch*. Nova York: Oxford University Press, 1968.

da premissa indutiva de Schleiermacher. Harnack pintou uma gigantesca tela da história cristã a fim de mostrar como, repetidamente, a essência do cristianismo reafirmou a si mesma em diferentes situações históricas, ligando-se a diversas culturas humanas. A busca pela essência (*Wesen*) do cristianismo, como já mostramos, é de crucial importância para o modelo indutivo. A mais bem-sucedida expressão dessa busca em Harnack foi uma obra enormemente popular, mui apropriadamente intitulada *The Essence of Christianity* [A essência do cristianismo][105]. Essa obra baseou-se em preleções acadêmicas proferidas por Harnack em Berlim, exatamente cem anos depois que Schleiermacher dedicou-se aos "refinados desdenhadores" da religião, e no mesmíssimo local. As preleções de Harnack em 1899, como as de Schleiermacher em 1799, tentavam realizar duas coisas – descrever o cristianismo como uma realidade humana empírica, e defender seus juízos de verdade a despeito (ou mesmo por causa) dessa descrição. A diferença não desprezível consiste em que Harnack pôde dispor dos resultados de um século de pesquisa bíblica para os seus propósitos teológicos. Assim como em Schleiermacher, o interesse histórico da obra de Harnack é, em última instância, voltado às experiências subjacentes aos vários desenvolvimentos teóricos[106]. Em outras palavras, o empreendimento historiográfico global e a busca pela essência do cristianismo estão intimamente interligados.

---

105. HARNACK, A. *Das Wesen des Christentums*. Leipzig: Hinrick, 1905. Apenas por curiosidade, notem que o aristocrático "von" foi mais tarde concedido a Harnack pelas autoridades prussianas.

106. Na obra mencionada, a palavra usada para experiência é *Erleben* (ibid., p. 93 e 103ss.). Eu sugiro que esse uso corresponde ao *Gefühl* de Schleiermacher, ou seja, refere-se ao mesmo fenômeno.

A influência de Schleiermacher no campo da religião não se limitou à teologia protestante, embora tenha sido mais prevalente aí. A mesma abordagem indutiva, com o seu interesse em comparações e na descrição fenomenológica das essências, também foi poderosamente manifesta na literatura religiosa não teológica. Pode-se alegar que Schleiermacher foi também o pai das disciplinas Religião Comparada e História da Religião (*Religionsgeschichte*) no século XIX, disciplinas que incrementaram enormemente o conhecimento disponível sobre cada expressão de religiosidade humana. O grande teólogo está certamente nas origens metodológicas daquilo que, no século XX, ficou conhecido como fenomenologia da religião. O seu mais proeminente representante, senão mesmo fundador, Rudolf Otto (cuja obra foi discutida no capítulo 2), reconhecia suas dívidas para com Schleiermacher.

A abordagem indutiva na teologia protestante, como já tivemos ocasião de discutir, foi profundamente alterada na esteira da revolução barthiana. É claro que ela não desapareceu durante as décadas de predomínio neo-ortodoxo, mas parecia antiquada aos que viam a si mesmos como a vanguarda teológica do protestantismo. Hoje é possível, em retrospecto, dizer que essa avaliação estava errada. Desde a Segunda Guerra, tem havido um forte ressurgimento de tendências que devem ser vistas em continuidade com a tradição liberal clássica. Este não é o lugar para revisar esses desenvolvimentos, mas a obra de Paul Tillich nos Estados Unidos e a de Wolfhart Pannenberg na Alemanha devem, ao menos, ser mencionadas nessa conexão. A neo-ortodoxia não foi o fim, mas uma interrupção do desenvolvimento da teologia liberal. Na perspectiva do presente argumento, isso não é apenas o que se poderia esperar sociologicamente, mas também o que se deveria celebrar teologicamente.

Críticas ao modelo

Se se pretende sustentar a última afirmação, as críticas feitas à teologia liberal clássica terão de ser confrontadas – tanto mais porque, *mutatis mutandis*, a maioria delas valeria para outras versões do modelo indutivo. De novo, só podemos fazê-lo brevemente aqui. Mas deve-se dizer desde já que, se algumas críticas devem ser assimiladas, a posição positiva quanto à viabilidade do modelo não será abandonada.

Por sua própria natureza, o modelo indutivo ocupa um meio-termo, uma posição de compromisso. Essa é uma posição vulnerável, e não raro transitória. Muito frequentemente, um teólogo que começa com uma abordagem indutiva termina com formulações difíceis de distinguir do reducionismo. A melhor ilustração disso foi, provavelmente, a forte tendência dos protestantes liberais no século XIX a identificar a essência do cristianismo com a ética ou com as conquistas culturais da civilização ocidental. A forma americana dessa tendência, aliás, está ainda muito viva na identificação do cristianismo, seja com a moralidade ordinária, seja com (de modo menos frequente hoje em dia) os ideais sociais do "modo de vida americano". Escusado dizer que, em suas formas plenas, tal compreensão da essência do cristianismo equivale a uma redução secularizante. Portanto, o "verdadeiro assunto" do cristianismo acaba sendo esse ou aquele conjunto de valores, perfeitamente consonante com a consciência secular predominante – os valores da ética humanista (posto que especificada), do homem ocidental, ou da democracia americana. Se devemos admitir haver de fato certos casos em que a essência do cristianismo, ou da religião enquanto tal, foi secularizada desse jeito, esse não foi sempre o caso, sobretudo, na obra dos grandes representantes do liberalismo protestante. Assim, em suas discussões sobre os méritos do cristianismo, Schleiermacher, Ritschl e Harnack enfatizaram tanto a ética quanto as conquistas culturais, mas nenhum deles *identificou* o cristianismo com méritos éticos ou culturais. Mais importante, não há razão intrínseca para que um modelo indutivo deva acabar em reducionismo: e a melhor garantia para evitá-lo é que os procedimentos inerentes ao modelo sejam realmente indutivos, e de maneira meticulosa. A discussão anterior sobre a experiência religiosa deve ter deixado claro por que essa afirmação pode ser feita com alguma segurança.

Talvez mais rara tenha sido a perda contrária do meio-termo – a queda da indução numa posição ortodoxa ou neo-ortodoxa. Ela é encontrada numa variedade de teólogos liberais que levaram o impulso indutivo até determinado ponto – e então pararam, deram meia-volta, e declararam os tópicos não abordados como objetos de fé na autoridade da revelação, imunes, portanto, ao raciocínio indutivo. Esse certamente não foi o caso de Schleiermacher ou Harnack, embora Ritschl possa ser caracterizando como o tendo feito. Mas, novamente, não há razão intrínseca para que um modelo indutivo tenha que se deparar com tal irredutível remanescente da tradição, perante a qual apenas a submissão à autoridade é possível. Nenhum elemento de uma tradição religiosa está imune ao raciocínio indutivo. Isso *não* significa que esse raciocínio possa algum dia *provar* a verdade de uma suposta revelação tal como uma ciência natural prova ou valida suas hipóteses. Nesse último sentido, as afirmações religiosas sempre implicam fé. Mas não há razão para que essa fé deva resultar em bloqueio do curso do raciocínio indutivo. Ao contrário, a fé de uma pessoa, e as experiências suscitadas por ela, constituirão "dados" ou "evidências" sobre os quais a reflexão indutiva pode ocorrer. Bem entendido, a fé e o raciocínio indutivo estão em relação dialética: eu creio – e então reflito sobre as implicações desse fato; eu reúno evidências sobre o objeto da minha fé – e elas fornecem mais um motivo para seguir crendo. Essa é decerto uma dialética bem distinta daquela ensinada pelos barthianos: mais suave, indubitavelmente menos inspiradora – mas também menos dependente de um sacrifício do intelecto, e menos conducente ao fanatismo. E a razoabilidade tem as suas próprias inspirações.

Uma crítica correlata já foi discutida mais acima em relação a Schleiermacher – a crítica de que o ponto de partida antropológico pode levar a uma redução da teologia a antropologia no estilo de Feuerbach. Como já argumentamos, a crítica não se sustenta em relação a Schleiermacher; e, menos ainda, em relação à premissa segundo a qual essa redução seria a consequência necessária de toda abordagem indutiva no pensamento religioso. Num sentido mais amplo, a crítica volta-se contra a ideia de que um foco sobre a realidade humana da experiência religiosa pode levar a um subjetivismo sem fim, destituído de qualquer critério objetivo. O resultado final desse subjetivismo seria, pois, uma atitude para com a religião na qual tudo vale: eu creio porque isso me faz bem – ou eu escolho crer, e recuso-me a debater sobre os fundamentos dessa escolha. Em outras palavras, o ponto de partida antropológico é criticado por dar azo tanto ao psicologismo quanto ao "decisionismo". De novo, não se pode negar que esses desenvolvimentos de fato emergiram a partir do liberalismo teológico protestante; no protestantismo americano é possível ostentar facilmente uma lista de horríveis exemplos do tipo. Tampouco se pode negar a possibilidade, talvez até probabilidade, de que aberrações similares surjam de outras versões do modelo indutivo. Mas, mais uma vez, esse não é um desdobramento necessário, e há maneiras de se resguardar contra ele. A salvaguarda mais importante é uma compreensão clara da intencionalidade da consciência religiosa: a experiência religiosa é, com efeito, uma experiência humana, mas, por sua própria natureza, ela visa ao meta-humano. Uma abordagem verdadeiramente indutiva terá de reconhecer tanto a realidade humana quanto a intencionalidade meta-humana do fenômeno religioso.

Há um aspecto mais sociológico, ou mesmo político, dessa crítica. A compreensão liberal da religião como complemento e corolário do humano foi criticada por levar a uma legitimação do *status quo* sociocultural e político. Ao nível da história vigente, essa crítica tem fundamento. O liberalismo teológico clássico de fato gerou o chamado *Kulturprotestantismus*, pelo qual as estruturas sociais, culturais e políticas do século XIX receberam uma espécie de batismo teológico[107]. A repulsa contra essa identificação fácil do cristianismo com seja lá o que estivesse sociologicamente em seu entorno foi, sem dúvida, uma importante razão para a revolta contra o liberalismo teológico, de Kierkegaard a Barth. Este descreveu eloquentemente sua repugnância ao perceber que quase todos os seus mais importantes professores liberais, incluindo Harnack, foram tomados pela histeria patriótica da guerra de 1914. Alguns anos depois, esse ponto de vista pareceu ser validado pela eficácia da teologia de Barth na resistência cristã ao nazismo. No entanto, sob um escrutínio mais cerrado, o argumento é menos persuasivo do que poderia de início aparentar. Com efeito, o liberalismo teológico pode levar à legitimação desse ou daquele *status quo*. Mas uma olhadela para a história da Igreja rapidamente revelará que essa função sociológica foi compartilhada pelas mais variadas

---

107. No contexto germânico, poder-se-ia dizer que as autoridades prussianas tinham excelentes motivos para conceder um título aristocrático a Adolf Harnack!

formas concebíveis de teologia cristã, inclusive as ortodoxias as mais severas. Quanto à neo-ortodoxia barthiana, devemos lhe dar todo o crédito por seu nexo histórico com o antinazismo cristão. Mas não é irrelevante observar que muitos dos mesmos teólogos que se mantiveram tão lúcidos em relação ao nazismo (com destaque para Barth) revelaram-se singularmente obtusos em sua compreensão do comunismo pós-1945. Com efeito, pode-se dizer que, em muitos lugares, o barthianismo tornou-se uma ideologia de legitimação para o novo *status quo* do totalitarismo comunista. Nos termos da sociologia da religião, é possível sugerir que a função legitimadora está profundamente arraigada na religião institucional (por razões que não podemos elaborar aqui), independente das formas predominantes de pensamento religioso. É ainda mais plausível sugerir que reversões dessa função – ou seja, casos em que a religião serviu para deslegitimar o *status quo* – ocorreram sob os mais variados auspícios teológicos. Em suma, *nenhuma posição teológica particular garante lucidez social ou política*. Ou, para dizer de outro modo, *podemos ter obtusidade sociológica em cada ponto do espectro teológico*. A isso, é claro, devemos acrescer a observação mais básica de que a perspicácia sociopolítica não é, em si mesma, um critério para o método teológico. Como analogia, mesmo que se pudesse demonstrar ter sido Copérnico um completo idiota acerca das realidades sociais de sua época, tal demonstração não reforçaria a tese segundo a qual a Terra é plana e o Sol gira ao seu redor.

Há a crítica de que o liberalismo teológico fica preso no "meramente histórico" – ou seja, de que o indivíduo continuará perguntando "como realmente foi" em vez de colocar questões religiosas mais importantes, tais como "Isso é verdade?" e "Eu creio nisso?" Contra essa atitude de rendição ao "meramente histórico", Kierkegaard desenvolveu a noção de "contemporaneidade" – para além do abismo do que o filósofo dinamarquês chamou de "mil e novecentos anos", o indivíduo deve-se colocar novamente na posição dos contemporâneos de Jesus, confrontando em sua própria existência os assombrosos apelos da mensagem de Cristo. Deixo de lado aqui a questão sobre se essa "contemporaneidade" kierkegaardiana é mesmo possível, ou se muitas das afirmações ortodoxas e neo-ortodoxas sobreviveriam ao confronto com o Jesus histórico. A fragilidade mais básica dessa crítica é que ela se volta, não contra o liberalismo teológico enquanto tal, mas antes contra *toda* forma de intelectualismo árido. Nesse sentido, prender-se em problemas históricos não é pior, religiosamente falando, do que em problemas dogmáticos. Ao contrário, uma abordagem que respeite a história é justo aquela com maior probabilidade de levar a uma quantidade módica de "contemporaneidade", tanto em relação a Jesus quanto a qualquer outra manifestação empírica da verdade religiosa. Foi Ranke, o historiador, quem disse que toda época é igual perante Deus; a pesquisa histórica, mais que qualquer outra disciplina, está apta a resgatar essa igualdade das cinzas da tradição.

E, por fim, há críticas variadas ao liberalismo teológico protestante em termos de seus indefensáveis pressupostos históricos. Elas devem ser admitidas a granel, por assim dizer. Assim, os teólogos liberais clássicos operavam com uma ideia de evolução religiosa empiricamente contestável. Por vezes, entretinham noções grosseiramente distorcidas sobre religiões não cristãs. De maneira provavelmente conclusiva, muitos deles tiveram desmentidas por pesquisas mais recentes sobre o Novo Testamento as suas concepções sobre os ensinamentos de Jesus e a ética cristã primitiva. Por exemplo (e trata-se de um crucial exemplo), demonstrou-se não apenas que Jesus jamais proferiu ensinamentos éticos significativamente destoantes da ética judaica da época, mas também, e mais importante, que nem ele nem seus discípulos tinham grande interesse em qualquer forma de ensinamento ético. Segue-se que toda interpretação da essência do cristianismo em termos de ética deve estar errada. Pode-se facilmente fazer uma lista de tais erros históricos. Mas nenhuma dessas críticas toca nos princípios metodológicos do liberalismo teológico. São eles que, argumenta-se neste livro, continuam viáveis – e *não* as várias interpretações históricas feitas pelos teólogos liberais clássicos. Em resumo, *nenhum erro específico de indução invalida o método indutivo*. Analogicamente, se um químico comete um erro gravíssimo num experimento de laboratório, a correção adequada desse erro consiste em repetir o experimento da maneira a mais minuciosa possível – *não* anular a metodologia da química ou negar o seu *status* de disciplina científica.

A busca por certeza e suas frustrações

Mesmo se forem rejeitadas as críticas precedentes ao liberalismo teológico clássico, restam três problemas persistentes dessa abordagem no pensamento religioso – problemas que tornarão a surgir em cada nova versão do modelo indutivo. No fim das contas, os três não são mais que aspectos do problema geral colocado pelo imperativo herético. Mas é conveniente falar aqui em três problemas distintos: o problema da "falsa" experiência religiosa; o do estatuto da religião histórica de preferência; e, por fim, o da certeza religiosa.

O problema da "falsa" experiência religiosa não é novo. Por exemplo, os profetas de Javé na antiga Israel eram frequentemente molestados pela competição de "falsos profetas" – e o público religioso, por assim dizer, pelo problema epistemológico de diferenciar entre a "verdadeira" e a "falsa" profecia. A Bíblia hebraica não é muito útil em fornecer critérios. Antes de mais nada, a história religiosa, como qualquer outra, é escrita pelos vitoriosos, que naturalmente apresentam os seus favoritos como os "verdadeiros" porta-vozes da revelação fundadora. À parte esse aspecto, ao que parece a população atribuía a qualidade de "verdadeira profecia" àquelas figuras capazes de maior pirotecnia, quer por meio de feitos miraculosos quer pelo tipo de magnetismo pessoal hoje chamado de carisma. Nenhum serve de critério convincente. Suponha-se que Elias houvesse fracassado em seu famoso experimento meteorológico no Monte Carmelo, ou que tivesse uma personalidade menos carismática: isso teria validado a experiência religiosa dos profetas de Baal em detrimento de Javé? E assim por diante.

William James, um advogado explícito da abordagem indutiva à religião, tinha plena consciência desse problema. No capítulo intitulado "A realidade do invisível" no seu clássico *As variedades da experiência religiosa*, James registra uma miscelânea de relatos sobre contatos com Deus, e então exclama: "Tal é a imaginação ontológica humana, e tal é a evidência do que ela dá à luz"[108]. Em sua obra clássica, James oferece ao menos duas respostas ao problema, nenhuma das quais coerentemente ligadas entre si. A primeira, dada logo no início do livro, é mais consistente com a posição filosófica geral do pragmatismo de James: o teste da crença religiosa é "o modo pelo qual funciona como um todo" – ou seja, o critério de uma verdade religiosa são os seus "frutos"[109]. Para essa posição, que chama de "empirista", James arrola o apoio de autoridades tão discrepantes

---

108. JAMES. Op. cit., p. 73.
109. Ibid., p. 34.

quanto Santa Teresa de Ávila e Jonathan Edwards (cada qual a seu modo um expoente da "religião experimental"). James presumia que os "frutos" da experiência religiosa fossem morais. Esse pressuposto é inoportuno: Seria a moralidade um bom critério para *algum* tipo de apelo à verdade? E se não, como parece bem evidente pela história do pensamento humano, por que a religião seria uma exceção? Portanto, a Teoria da Relatividade não seria em nada menos persuasiva se Einstein houvera sido um monstro moral em vez do indivíduo moralmente admirável que de fato foi – e, ao contrário, a teoria não adquire nem um milésimo de persuasividade por causa das admiráveis qualidades morais de seu autor. É possível alegar, é claro, que a religião é um caso distinto, porque Deus é o ser moral por excelência, e não revelaria as suas verdades a – ou por meio de – seres humanos grosseiramente imorais. O argumento é fraco. Poucos entre os grandes "virtuoses religiosos" da história (para usar o termo de Max Weber) são figuras atraentes em termos humanos ou morais. Suas afirmações sobre "a realidade do invisível" deveriam ser descartadas por essa razão?

James parece ter percebido a instabilidade de seu critério moral, e, mais à frente, em seu grande livro, a noção de "frutos" passa dos resultados éticos aos cognitivos. Assim, em sua discussão sobre o misticismo e sua incômoda proximidade com as "tradições acumuladas... que as cartilhas sobre insanidade suprem", James sugere que a mesma região mental de onde surgem os *insights* místicos também contém toda sorte de ilusão nociva. Ele então prossegue: "Essa região contém todo tipo de matéria: 'anjo e demônio' ali residem lado a lado. O que daí provém não é nenhuma credencial infalível. Deve ser peneirado, testado e pesadamente submetido ao confronto com o contexto total da experiência, tal como o que vem do mundo exterior dos sentidos. Seu valor deve ser estimado por métodos empíricos, na medida em que nós mesmos não somos místicos"[110]. Deixemos de lado aqui a questão sobre se as coisas seriam assim tão diferentes caso fôssemos, sim, místicos (pobre Teresa de Ávila, tão perturbada por vozes diabólicas que diziam provir de Deus e que, aparentemente, não raro a convenciam disso por algum tempo). Seja como for, o critério para os pretensos *insights* sobre a experiência religiosa é aqui cognitivo antes que moral. O "peneirar e testar" desses *insights* é precisamente o processo de que falava al-Ghazali ao descrever a razão como a escala de Deus na Terra, insistindo em que as ferozes proclamações dos místicos fossem colocadas nessa escala. Escusado dizer, a escala não é infalível, nem provê medidas muito precisas. Mas a única maneira de começar a distinguir entre experiências religiosas "verdadeiras" e "falsas" é pesar os *insights* supostamente derivados da experiência na balança da razão. Ademais, James está certo em chamar esse procedimento de "empirista", no sentido de que a experiência religiosa deve ser avaliada no contexto de todas as outras experiências humanas, bem como no de todo conhecimento empírico sobre a condição humana.

Que não haja mal-entendidos sobre essa formulação: a última coisa que se pretende aqui é reforçar a postura do racionalismo iluminista com relação à religião – postura *contra* a qual Schleiermacher elaborou o seu método. O cerne do fenômeno religioso, como Rudolf Otto compreendeu muito claramente, vai além de toda racionalidade. E, como James colocou, toda reflexão racional sobre a religião é "como a tradução de um texto numa outra língua"[111]. Mas, inadequada o quanto possa ser ao profundo e ine-

---

110. Ibid., p. 334.
111. Ibid., p. 337.

rente anseio humano por "credenciais infalíveis" nesse terreno, nada melhor que a avaliação racional sóbria pode ser oferecido no estabelecimento de um critério para distinguir a "verdadeira" experiência religiosa de suas fracassadas imitações.

Há, em seguida, o persistente problema das bases sobre as quais um modelo indutivo do pensamento religioso pode preferir uma revelação (no sentido que Schleiermacher dá ao termo) a outra. Dito de outro modo, se há um imperativo herético, por que optar por uma heresia antes que por outra? No liberalismo protestante clássico, é claro, essa questão era idêntica à do *status* privilegiado do cristianismo (e, em menor grau, o do protestantismo). A abordagem de Schleiermacher a essa questão já foi apontada. No período mais recente da teologia liberal, a questão era central na obra de Ernst Troeltsch[112]. Ela foi colocada por Troeltsch como a da "absolutidade" [*absoluteness*] do cristianismo, e a sua resposta, num livro com esse mesmo título, pode ser tida por paradigmática desse tipo de pensamento teológico[113].

Tanto a história quanto a sociologia (as duas disciplinas às quais Troeltsch dedicou virtualmente toda a sua obra de estudioso – a última, aliás, sob forte influência de Max Weber) são escolas de relatividade. *Qua* historiador e sociólogo, Troeltsch admitia plenamente que essa relatividade se estendesse à religião. *Qua* teólogo cristão, no entanto, ele teve de se confrontar com a questão da maneira pela qual as verdades absolutas do cristianismo podiam ser mantidas em meio a um oceano de relativizações. Metodologicamente (e aqui a influência de Weber é muito evidente), ele estava certo de que essa absolutida-

---

112. Cf. PAUCK. Op. cit. • CLAYTON, J. (ed.). *Ernst Troeltsch and the Future of Theology*. Cambridge: Cambridge University Press, 1976.
113. TROELTSCH, E. *Die Absolutheit des Christentums*. Tübingen: Mohr, 1912.

de não podia ser estabelecida cientificamente, nem, tampouco, colocando o cristianismo no degrau mais alto de alguma escadaria evolutiva hegeliana ou *quasi*-hegeliana. O cristianismo é um fenômeno histórico como qualquer outro, analisável pelos mesmos métodos históricos e sociológicos. Em outras palavras, enquanto fenômeno histórico, o cristianismo é relativo, pois "o histórico e o relativo são idênticos"[114].

Essa relatividade não é infinita, mas se reduz a alguns tipos principais de possibilidades religiosas na história. Com efeito, Troeltsch argumentava que, se vamos além da multiplicidade de formas primitivas, há dois tipos opostos de religiões monoteístas, quais sejam o da Ásia Ocidental e o das grandes tradições religiosas da Índia. A alternativa essencial se dá entre esses dois tipos. Retomaremos esse ponto importante no próximo capítulo do presente livro. Mas, seja como for, para Troeltsch o procedimento adotado pela pesquisa histórica deve ser o de esclarecer o que são essas grandes alternativas, *depois do que* cabe ao teólogo ou filósofo da religião a tarefa de achar uma medida normativa que transcenda a comparação "meramente histórica". Tal medida normativa só pode surgir a partir do livre confronto entre ideias religiosas; ela não pode ser deduzida de alguma teoria religiosa *a priori*, nem, tampouco, resultar diretamente da análise empírica. No fim das contas, tratar-se-á de uma questão da decisão subjetiva tomada por indivíduos ligados a uma tradição particular, mas que, todavia, permaneceram abertos a todas as outras.

Um parâmetro normativo terá de assumir a comparabilidade; ou seja, pressupor que todas as religiões têm algo em comum, algo genericamente válido. Troeltsch sustenta que todas as religiões tendem a uma meta comum. Esta é realizada em maior ou

---

114. Ibid., p. 52 [trad. minha].

menor grau por diferentes formas históricas de religião. Todas as religiões ligam-se a revelações daquilo que o autor chama de uma "vida superior" (o termo "hierofanias", de Eliade, seria apropriado aqui). Portanto, todas as religiões tendem e visam ao absoluto, mas este nunca está empiricamente disponível, e sua posse, nunca garantida. Antes, ele está sempre lá como uma intuição, uma insinuação[115]. É apenas dessa maneira que se pode enunciar alguma verdade em nome do cristianismo. Mas essa verdade *pode* ser enunciada, insiste Troeltsch – calma e confiantemente, compreendendo o cristianismo como uma forma de religião historicamente relativa, mas uma forma que mantém uma relação única com o absoluto[116].

Novamente, é claro que isso implica uma busca pela essência (*Wesen*) do cristianismo, à maneira de Schleiermacher e Harnack. Os detalhes substantivos disso, especialmente em termos da caracterização das alternativas não cristãs, são discutíveis; Troeltsch está sujeito aí àquelas mesmas críticas que antes discutimos. Mas esses detalhes substantivos não nos interessam aqui; o que importa é o método de Troeltsch. E este é central para o modelo indutivo tal como entendido no presente argumento. Dentro desse modelo, a solução ao problema das bases para a heresia, por assim dizer, deverá ser buscada na linha de Troeltsch[117].

---

115. As palavras em alemão são *Intuition* e *Ahnung* (ibid., p. 73). Troeltsch diz também que o absoluto é *vorschwebend*; poder-se-ia traduzi-lo livremente dizendo que o absoluto *assombra* as religiões específicas em suas formas historicamente relativas. Seja qual for a linguagem usada, o ponto de Troeltsch é que nenhum grupo de seres humanos jamais será o *beati possedentes* da verdade absoluta.

116. Troeltsch fala em "uma afirmação perfeitamente calma e jubilosa do cristianismo" (ibid., p. 82 [trad. minha]).

117. Troeltsch retornou ao problema da absolutidade do cristianismo no último livro de sua vida, um conjunto de preleções que pretendia ministrar na Inglaterra no ano de 1923. Estas foram publicadas postumamente com o título *Christian Thought: Its History and Application* (Londres: University of London Press, 1923). Se bem que haja

Por fim, todo modelo indutivo terá de se haver com o persistente problema da certeza – nas palavras de James, o problema do profundo anseio religioso por "credenciais infalíveis". Esse problema preocupou todos os liberais protestantes, e o seu alegado fracasso em fornecer uma solução adequada foi uma das causas importantes da revolta neo-ortodoxa contra o liberalismo. No início do movimento neo-ortodoxo, Barth e seus amigos enfrentaram o problema antes de tudo como pregadores. Domingo após domingo, esperava-se que subissem ao púlpito e proclamassem algum tipo de mensagem cristã em tom de confiança. O liberalismo teológico permitiria esse tom? Ou, como eles colocavam, "como isso poderia ser pregado?" Há um problema existencial sério para esses indivíduos, que, por um lado, comprometem-se com uma abordagem indutiva à religião, e, por outro, encarregam-se institucionalmente de afirmar a verdade de uma tradição religiosa particular. O problema, é claro, não se limita aos pregadores protestantes; *mutatis mutandis*, ele aflige os representantes oficiais de qualquer tradição religiosa tomada como objeto de reflexão e escrutínio. Não podemos abordá-lo aqui. Basta dizer que ele não é insolúvel. Mas, em seu sentido básico, o problema não se restringe a essa categoria especial de religiosos profissionais. Com efeito, pode-se dizer que ele é mais premente para o leigo, que não possui as ferramentas intelectuais dos teólogos treinados para lidar com essas questões, mas que, todavia, carece do sentimento de certeza sobre aquilo que a tradição proclama como verdade.

---

diferenças de ênfase, a metodologia básica é mantida. Deve-se notar que Troeltsch tinha a intenção deliberada de dar continuidade ao programa teológico de Schleiermacher, sobretudo em suas preleções dogmáticas de 1911-1912, em Heidelberg. Também estas foram publicadas postumamente, em 1925, sob o título *Glaubenslehre* (vol. II de *Gesammelte Schriften* [Aglen: Scientia, 1962]). Nessas preleções, Troeltsch tentou desenvolver uma doutrina cristã que fosse, ao mesmo tempo, uma "teologia histórica" e uma "teologia da consciência".

Em princípio, a busca pela certeza religiosa deverá ser frustrada "neste mundo", exceto por experiências fugazes que só muito precariamente podem ser retidas na memória. Esse princípio deriva algo necessariamente da compreensão de experiência religiosa apresentada no capítulo 2 deste livro. Em termos fenomenológicos, há de fato experiências de contato com o sobrenatural que trazem em si mesmas a certeza absoluta, mas decerto isso está situado apenas dentro do próprio enclave da experiência religiosa. Tão logo o indivíduo retorne desse enclave ao mundo da realidade ordinária do dia a dia, essa certeza é retida apenas como memória, sendo, enquanto tal, intrinsecamente frágil. Isso é verdade até mesmo para aqueles indivíduos que alegam ter tido os encontros mais intensos com o divino – digamos, místicos, profetas ou outros a quem, supostamente, os deuses falaram de maneira direta. Êxtases místicos ou revelações proféticas são ocorrências dentro de períodos de tempo específicos. Estes chegam ao fim, e o indivíduo, por bem ou por mal, retorna àquilo que Alfred Schutz chamou de "o tempo padrão" da vida humana comum. A literatura mundial sobre religião é prenhe em referências a esse problema de manter o senso do extraordinário dentro das realidades do ordinário. Eis por que haja uma necessidade de fé mesmo por parte daqueles indivíduos que experimentaram diretamente a "realidade do invisível". É escusado dizer que eles são raros. Para o resto da humanidade, o problema é ainda mais intratável. E o é duplamente para os que provaram os frutos relativizantes da reflexividade moderna, pois lhes será provavelmente vedada a solução prática dos intelectualmente ingênuos – a aderência cega e inquestionada à sua tradição particular. Todavia, até os intelectuais têm necessidade de certeza.

Troeltsch também estava muito preocupado com o problema. Perguntava-se se a noção muito restrita de absolutidade – para ele a consequência necessária da reflexão histórica – bastaria para suprir as carências religiosas dos seres humanos. Sua resposta era positiva. A devoção requer a verdade, mas não necessariamente no velho sentido absoluto. A convicção de haver encontrado Deus e ouvido a sua voz não é abalada pelas relativizações da consciência histórica. Há esses encontros que carregam consigo uma convicção intrínseca na verdade. O indivíduo pode encontrar certeza nessa convicção. Mesmo que adentre toda a gama de relativizações históricas e sociocientíficas, ele pode ter confiança em que aquilo que foi experimentado por ele como verdade, e o que provou ser verdadeiro nas vidas de muitos outros homens, jamais será visto como não verdadeiro. Conquanto não haja nenhuma finalidade em qualquer experiência de verdade na história, há um processo se desenrolando no qual cada exemplo de acesso à verdade (cada "hierofania", se se prefere) é preservado e levado adiante. Dito de outro modo, a devoção requer certeza, mas não fanatismo[118].

É assim que Troeltsch resume a sua posição sobre o problema: "Já não há agora o fanatismo apaixonado, que vê cada desafio à absolutidade exclusiva como uma ameaça a tudo aquilo em que se acredita. Em vez disso, há a suave certeza de que as forças autênticas e verdadeiras da realidade reafirmar-se-ão

---

118. Uma interessante distinção feita por Troeltsch é aquela entre a absolutidade ingênua (= irrefletida) e a artificial (= teorética) (*Absolutheit des Christentums*, p. 110ss.). Aí, ele sugere que a religião não difere de outras experiências humanas, que passam por um processo de transformação à medida que são teorizadas e convertidas em objetos de reflexão. Uma vez ocorrido esse processo, é fútil querer retornar ao ingênuo estado de absolutidade inquestionada, e as tentativas de fazê-lo via uma rota teórica qualquer são artificiais e intelectualmente insustentáveis. Em outras palavras, a reflexão enquanto tal é inimiga da absolutidade.

mesmo num contexto mais amplo"[119]. Não há melhor frase que "suave certeza" para descrever a atitude fundamental da teologia liberal e, *ipso facto*, a possibilidade religiosa que, com maior felicidade, pode ser combinada com a abordagem indutiva.

Em defesa da suavidade

Neste livro, fizemos um esforço para ser justo com cada uma das três possibilidades para a religião discutidas nos capítulos anteriores. Justiça não significa neutralidade. O argumento pretende levar à proposição de que a possibilidade indutiva é a mais viável das três opções – e, com efeito, em última instância a única viável. Dentro do contexto da teologia cristã, isso significa uma identificação inequívoca com a linha do protestantismo liberal originada por Schleiermacher. Dentro do contexto mais amplo do pluralismo religioso, significa a opinião de que o modelo indutivo elaborado pelos protestantes liberais clássicos também é promissor para outras tradições. Como foi repetidamente afirmado, isso não implica um endosso de todas as posições substantivas do protestantismo liberal, especialmente aquelas que traem um viés etnocêntrico contra as religiões não ocidentais (para não falar do judaísmo e até mesmo de ramos católicos do cristianismo). O endosso, em outras palavras, é apenas metodológico. E já é endosso o bastante, como foi demonstrado.

No cenário teológico contemporâneo, uma revitalização da religião liberal significa uma frutífera terceira opção entre a reconstrução neo-ortodoxa de "direita" e as capitulações da "esquerda" ao secularismo (sendo ambos os termos utilizados aqui teológica antes que politicamente, é claro – pois há socialistas

---

119. Ibid., p. 114 [trad. minha (algo livre)]. A palavra traduzida por "forças" é *Kräfte* – o plural de *Kraft*, que Schleiermacher via como o critério pelo qual uma tradição particular valida a si própria como revelação, tornando-se assim um texto sagrado.

barthianos e defensores secularistas do capitalismo americano!). Contra a direita, esta posição implica uma reafirmação do humano como único ponto de partida possível para a reflexão teológica, e uma rejeição de qualquer autoridade externa (seja escritural, eclesiástica ou tradicional) que se pudesse impor sobre essa reflexão. Contra a esquerda, ela implica uma reafirmação do caráter sobrenatural e sagrado da experiência religiosa, e uma rejeição da autoridade particularmente opressiva da consciência secular moderna. Isso pode soar como um esforço desnecessário. Talvez, mas não há razão para crer que aqueles que assumem essa posição ver-se-ão em situação isolada.

Essa opção, como qualquer outra, tem as suas próprias estruturas de plausibilidade. É possível que a "suavidade" a ela endêmica seja mais plausível em épocas de relativa normalidade do que em meio a crises. Em tempos de crise na sociedade, e naqueles em que o indivíduo se encontra no que Karl Jaspers chamou de "situações marginais", fanatismos tendem a ser mais plausíveis. Assim, não foi por acaso que o liberalismo protestante tenha florescido na Alemanha durante a era de autoconfiança que precedeu a Primeira Guerra, tendo sido gravemente abalado nos turbulentos anos entre 1918 e 1945, e adquirido um novo sopro de vida quando uma nova normalidade surgiu na esteira do "milagre econômico" da Alemanha Ocidental. Essas observações são feijão com arroz para o sociólogo do conhecimento. É ainda mais importante sublinhar que as análises deste não necessariamente têm relevância para as verdades religiosas em questão: *a categoria de estrutura de plausibilidade não tem qualquer* status *epistemológico*.

Indivíduos que se achavam em oposição política ao totalitarismo nazista nos anos de 1930 não estavam para suavidade, nem mesmo em relação às suas posições intelectuais. Tampouco estão hoje os indivíduos que se sentem moralmente comprometidos com essa ou aquela luta revolucionária. Em tais situações, há uma grande atração pelas afirmações apodíticas da neo-ortodoxia teológica ou de ideologias revolucionárias, que não passam de versões secularizadas do dogmatismo religioso. Isso é muito compreensível, mas não devemos nos impressionar em demasia. Decerto, uma pessoa que sofre perseguição política ou enfrenta os perigos de uma guerra tem os seus *insights* negados por aqueles que não passaram pela experiência. De maneira similar, há *insights* distintivos derivados de experiências pessoais de pesar, doença ou proximidade da morte. Mas esses *insights* surgidos de "situações marginais", importantes o quanto sejam, não são os únicos. A situação marginal enquanto tal não oferece nenhum acesso *privilegiado* à realidade. Com efeito, e por sua própria natureza, ela pode obscurecer aspectos da realidade que podem ser vistos com mais clareza em circunstâncias menos aflitivas. Dito simplesmente, mesmo que fosse empiricamente correto afirmar não haver ateus nas trincheiras, esse não seria um argumento para a existência de Deus. Segue-se que os *insights* de ambos os tipos de situação devem ser estimados sem prejuízo à sua possível validade em termos sociológicos[120].

Isso não significa dizer que a religião liberal *só* pode florescer em tempos de tranquilidade. Ao contrário, há uma espécie de suavidade que vem de uma grande força interior. E as certezas apodíticas tendem a colapsar da noite para o dia. Pode-se mesmo sugerir que aqueles que verdadeiramente encontraram a "realidade do invisível" podem arcar com a suavidade da liberalidade, tanto em suas vidas quanto em seu pensamento.

---

120. Incidentalmente, há a abordagem inversa – a desvalorização dos *insights* de "situações marginais" como nada mais que o resultado de patologia individual ou coletiva. A presente posição, claro está, não é mais compatível com essa opinião do que com a que vê na marginalidade um acesso particularmente privilegiado à verdade.

6 Entre Jerusalém e Benares: o próximo embate entre religiões

"O que Atenas tem a ver com Jerusalém?", perguntou Tertuliano, o mesmo pai da Igreja Latina que, em seu ácido anti-helenismo, dizia crer justamente por parecer absurdo fazê-lo. A resposta esperada à sua questão, evidentemente, é "nada!" Pode-se dizer que a história inteira do cristianismo provê a resposta à questão de Tertuliano, uma resposta assaz oposta à que ele mesmo sugeria. Atenas tem significado um bocado de coisas para Jerusalém, a começar pelo ousado prólogo ao Evangelho de João, no qual a ideia grega de *logos* é identificada com o Messias judeu – prefigurando um casamento impactante entre razão e revelação, entre universalismo e as particularidades da experiência religiosa oeste-asiática. Com efeito, pode-se até dizer, com alguma justiça, que a história do cristianismo tem sido essencialmente a do casamento entre Atenas e Jerusalém. Isso não significa, é claro, que não tenha havido tensões entre os elementos helênico e israelita da síntese cristã. Houve, e nesse sentido Tertuliano não estava totalmente errado. Mas os séculos de desenvolvimento cristão demonstraram que o antagonismo entre esses dois polos do que poder-se-ia chamar de humanidade mediterrânea não é inexorável, mesmo que as tensões entre eles sejam um elemento necessário numa visão de mundo particular, que se tornou característica da civilização ocidental.

Como foi sugerido ao longo deste livro, o homem moderno existe numa situação que suscita um "ecúmeno" muito mais amplo do que fora possível mesmo no tempo cosmopolita de Tertuliano. Hoje, o ecúmeno abarca verdadeiramente a humanidade como um todo. Nessa nova "ecumenicidade", a relativa proximidade entre Atenas e Jerusalém torna-se muito mais aparente. De fato, não estão muito distantes uma da outra essas suas cidades tão fundamentais na história do *Homo mediterraneus*. Outras polaridades fizeram-se muito mais importantes hoje em dia. Em se tratando da história religiosa da humanidade, nenhuma é mais significante do que a que separa Índia e Ásia Ocidental. E uma questão bem distinta surge agora, imperiosa e premente: *O que Benares tem a ver com Jerusalém?* Muito do rumo futuro da religião depende da resposta que será dada a *essa* questão.

"O Dharma está indo para o Oeste"

A princípio, o panorama da busca religiosa humana parece conter uma variedade quase infinita de possibilidades. Contudo, olhando-se mais de perto, essas possibilidades acabam se ordenando em termos de uns poucos tipos. Ao passarmos da mera classificação a uma estimativa de quais dessas possibilidades são de fato "interessantes", acabamos inevitavelmente pondo o foco sobre a polaridade mencionada acima[121]. Dito simplesmente, a Ásia Ocidental e a Índia deram origem às duas visões de mundo religiosas mais abrangentes, e a antítese entre elas constitui o problema mais importante para a ecumenicidade contemporânea. Todo historiador da religião fará soar o

---

121. Essa era a posição defendida por Ernst Troeltsch. Pode-se concordar com ele nisso sem, no entanto, aceitar os detalhes de como ele compreendia as diferenças entre essas duas alternativas religiosas.

alerta-vermelho ao ouvir essa afirmação, e é prudente levá-lo em consideração. Nada na vida humana pode ser compreendido em termos de uma antítese nítida e genericamente aplicável, e a religião não é exceção. A realidade empírica da história é repleta de matizes e só muito raramente exibe um panorama com contrastes nítidos. Assim, não obstante o quanto se queira tipificar os fenômenos religiosos nativos da Ásia Ocidental e da Índia respectivamente, o historiador será capaz de mostrar o quão raramente esses tipos se encontram em forma pura, e o quão mesclados e interpenetrados estão eles. Tudo isso deve ser estipulado. Mas, graças precisamente a toda essa mistura, é importante perceber *o que* exatamente se misturou. Só aí a distinção entre as diferentes possibilidades religiosas pode ser apreendida. Em outras palavras, a história da religião *não é* uma noite em que todos os gatos são pardos.

A Ásia Ocidental caracterizou-se por uma experiência do divino como o Deus pessoal que fala ao homem. Dizer que essa é a experiência religiosa do monoteísmo é referir-se apenas a um aspecto da matéria, pois a unidade do divino pode ser afirmada como resultado de experiências bem diferentes. Um aspecto igualmente importante é o caráter confrontante da experiência. Deus não está dentro do homem, mas confronta-o desde fora em atos de fala. Eis por que a Ásia Ocidental foi a arena do que Max Weber chamou de "profecia emissária" – de Zoroastro e os profetas israelitas até Jesus e Maomé. Assim como esse Deus da fala não se encontra dentro do homem, também não se deve identificá-lo com o cosmos ou com qualquer parte de sua realidade natural. O confronto fundamental entre o javismo e os cultos à natureza do antigo Oriente próximo ressalta essa diferença. O Deus de Israel era totalmente distinto das divindades alcançadas através dos ritmos naturais da terra e do corpo humano, e é por isso que os seus porta-vozes foram tão firmes em denunciar o culto aos deuses da fertilidade e da sexualidade sagrada. Javé era uma divindade "inatural", no sentido literal da palavra. A circuncisão (seja qual for a sua origem) converteu-se na expressão mais explícita em Israel dessa cisão entre a fé em Javé e toda forma de religiosidade "natural". É provável que Ahura Mazda, a divindade proclamada por Zoroastro, tivesse traços "inaturais" comparáveis. A subsequente história das religiões surgidas desse tipo de experiência mostra muito claramente que manter a cisão não era nada fácil. Portanto, reiteradamente, os profetas de Israel tiveram de denunciar os seus compatriotas por recaídas nas velhas (e, pode-se supor, altamente aconchegantes) formas de religiosidade não confrontante. Mas o caráter distintivo da experiência religiosa israelita torna-se mais clara nesse contínuo confronto.

Esse Deus manifesta a si mesmo como pessoa, vontade e discurso. Chamar isso de antropomorfismo é errar o alvo; um termo como "antropogênese" seria mais adequado. Pois, no encontro com esse Deus, a concepção de homem torna-se imensuravelmente aguçada. Nesse encontro, o *homem* adquire o perfil de pessoa, vontade e discurso. Em outras palavras, essa experiência religiosa particular é demasiado individualizante. Pode-se até mesmo dizer que, nesse encontro com Deus, o homem torna-se sozinho no mundo (tanto que, no sentido mais literal, a nostalgia israelita pelos velhos cultos à fertilidade era um anseio pela antiga companhia). O homem adquire consciência de si mesmo no encontro com o Deus que lhe dirige a palavra. O que também implica uma ruptura fundamental entre o homem e o cosmos. Este deixa de ser divino, como fora (provavelmente de maneira transcultural) nos milênios anteriores da história humana. Em vez disso, o cosmos, enquanto criação divina, torna-se real de direito. Ele é agora percebido como a arena da ação de Deus – e, pelo mesmo motivo, a dos atos do homem (sejam eles respostas ou desafios ao chamado divino). Em outras palavras, essa experiência religiosa particular é tanto historicizante quanto moralizante. É na mesma experiência religiosa (posto que em conjunção com as bem distintas experiências helenistas da razão e da autonomia humana) que se deve buscar a constelação especificamente ocidental de indivíduo, história e consciência[122].

Não há talvez exemplo mais claro dessa experiência fundamental que a assim chamada visão do trono do Profeta Isaías (Is 6). Deus se lhe revela nessa visão de inenarrável e apavorante majestade. Mas, enquanto esmaga o profeta pelo senso do divino, essa revelação muda simultaneamente a sua percepção de si mesmo – como homem de "lábios impuros". Aí, transcendência e consciência mantêm entre si uma relação dialética. Ademais, a importância de toda essa hierofania é precisamente designar Isaías como um emissário de Deus – alguém que proclama a mensagem divina, prenhe em história e moralidade. Esse efeito individualizador, historicizante e moralizante da experiência israelita de Deus manteve-se ao longo dos séculos de história judaica e cristã desde Isaías, sendo igualmente fundamental para o Islã (a despeito de algumas modificações)[123].

---

122. A minha compreensão desse ponto foi fortemente influenciada pelas obras de Eric Voegelin e Gerhard von Rad.

123. Rudolf Otto gostava de comparar a visão do trono de Isaías com a visão da forma universal de Vishnu no Bhagavad Gita, ambas como exemplos originais da experiência do "numinoso". No entanto, as diferenças também são instrutivas. Deixando de lado a questão do indivíduo no esquema hindu, o Gita não é historicizante nem moralizante. A história (e, com efeito, todo o mundo empírico) é vista como irrelevante à busca religiosa, e, nessa irrelevância, a moral torna-se relativizada. A consequência prática decisiva do grande diálogo entre Arjuna e Krishna é que o primeiro supera seus escrúpulos e põe-se em batalha contra os parentes. Essa fidelidade do guerreiro à missão de sua casta não está baseada na convicção de sua veracidade – isso, em

Se a experiência religiosa distintiva da Ásia Ocidental pode ser chamada de confrontacional, a da Índia caracteriza-se pela interioridade. O divino não confronta o homem desde fora, mas deve ser buscado em seu interior, como o fundamento divino de seu próprio ser e do cosmos. O divino aqui é metapessoal e está além de todo atributo, incluindo o da vontade e o do discurso. Uma vez apreendido o fundamento divino do ser, tanto o homem quanto o cosmos caem na irrelevância, ou até mesmo na ilusão. A individualidade não é acentuada, mas absorvida, e história e moral são, ambas, radicalmente relativizadas. Escusado dizer, há uma grande variedade de expressões dessas experiências na rica história da Índia e da religiosidade daí derivada, e essa história contém também experiências muito mais próximas às do protótipo oeste-asiático. Mas a diferença fundamental permanece a mesma.

Desde os primórdios da história indiana, a religião tem sido marcada pela prática da interioridade e pela teoria do *samsara-karma* (o ciclo de reencarnações e as inexoráveis consequências dos atos humanos sobre uma de suas sequências). É possível, talvez até provável, que esses fenômenos gêmeos precedam a invasão ariana do subcontinente[124]. Nas ruínas pré-arianas da civilização do Indo, arqueólogos encontraram estatuetas de indivíduos nas posições de contemplação da Yoga. Se há uma *gestalt* prototípica da religiosidade indiana, é certamente o gesto yoga de sentar-se na posição de lótus – em silêncio, alheio ao mundo,

---

última análise, não tem importância. Dizê-lo, deve-se enfatizar com veemência, não implica que os seguidores da tradição de Isaías tenham sido pessoas moralmente melhores que os da tradição do Gita. Significa apenas que, naquela, a moral possui um *status* religioso distinto.

124. Essa era a visão de Heinrich Zimmer, que acreditava serem pré-arianas tanto a prática da Yoga quanto a filosofia Samkhya. Essa visão ganha credibilidade pelo fato de que os invasores arianos do Irã desenvolveram uma forma muito diferente de religião. Cf. ZIMMER. *Philosophies of India*. Princeton: Princeton University Press, 1951.

passivo, voltado para dentro em busca da realidade última que ali jaz. Essa figura é central não apenas para o hinduísmo, mas também para os três maiores movimentos religiosos ortodoxos da Índia, notadamente o jainismo e o budismo. E em sua versão budista, a mesma figura foi central para a experiência religiosa da Ásia Oriental. É difícil conceber uma figura mais antitética à do profeta israelita.

Há uma lenda hindu sobre o encontro de um jovem santo (que alcançou o conhecimento da salvação, no sentido de livrar-se da roda da *samsara*) com Indra, o grande deus da criação. Os dois estão conversando no palácio celestial de Indra quando o santo ri subitamente. "Por que você está rindo?", pergunta Indra. "As formigas, as formigas", responde o santo, apontando para uma fila de formigas atravessando o piso de mármore do palácio. E quando Indra não consegue compreender, o santo explica: "Cada uma dessas formigas foi Indra – e será Indra novamente". Nessa afirmação (horripilante para ouvidos ocidentais) resta todo o universo da experiência indiana da realidade – não apenas sobre a natureza dos deuses, mas também a do mundo, do homem e dos eventos humanos. Sem essa experiência não se pode entender nem a prática nem a teoria da religião indiana – das manifestações rotineiras do sistema de castas às grandiosas especulações do pensamento budista e hindu. Aqui, com efeito, está o coração de Benares – no polo oposto de possibilidades humanas ao que se passou dentro e no entorno de Jerusalém.

A Ásia Ocidental e a Índia são parte da mesma massa de terra continental, e os dois protótipos de experiência e reflexão religiosas não se desenvolveram sem contato mútuo. Por vezes, o contato foi bastante intenso. Alguns estudiosos acreditam ter havido influências indianas sobre um grande número de cultos de mistérios gregos (que, por sua vez, influenciaram o cristianismo primitivo). O gnosticismo, sério rival do cristianismo por um período de muitos séculos, tem sido visto como uma curiosa mistura de temas hindus com o dualismo iraniano (o Irã, por razões óbvias, foi sempre uma ponte entre os dois polos). É provável que o litígio mais intenso entre as duas formas prototípicas de religião tenha ocorrido no interior do Islã, particularmente no desenvolvimento do misticismo islâmico (e, de novo, especialmente no Irã). Todavia, por razões já alegadas neste livro, a situação moderna provê um contexto inteiramente novo para a controvérsia.

Originalmente, esse contexto foi especialmente suscitado pela investida imperialista da civilização ocidental (*ipso facto* cristã) sobre a Ásia. Escusado dizer, esse imperialismo baseou-se em razões políticas e econômicas, não religiosas. Ao mesmo tempo, permitiu não apenas uma agressiva invasão missionária da Ásia pelas principais igrejas cristãs (e em alguns lugares, como a China, os missionários tiveram sucesso moderado), mas, muito mais importante, o desencadeamento nesses países das forças da modernização, sob o abrigo do imperialismo ocidental. A Modernidade, mesmo em suas versões mais secularizadas, é um produto da civilização ocidental cristã, e continua a exibir suas raízes. Enquanto fé religiosa, o cristianismo não fez progressos espetaculares na Ásia, mas, como o processo de modernização gerou, por exemplo, uma aculturação das noções ocidentais de indivíduo, história ou ética social nos países asiáticos, também ele pode ser visto como uma forma de contestação. Sem ela, Gandhi não poderia ter sido concebido. Nem, tampouco, a dramática modernização do Japão. Mas mesmo na China, de um modo deveras paradoxal, os missionários acabaram por triunfar: o marxismo, afinal de contas, representa uma versão secularizada da escatologia cristã. (Pouco importa que os antigos missionários chineses houvessem ficado horrorizados com esse "triunfo": a história é um longo acúmulo de consequências impremeditadas.) De todo modo, a forma original de contestação era o Ocidente cristão se impondo sobre a Ásia.

Mesmo ali, no auge do triunfante imperialismo ocidental, a relação não era de dominação unidirecional. A Ásia confundia e intrigava os seus invasores ocidentais, e, já nos séculos XVIII e início do XIX, a mentalidade asiática (incluindo seus aspectos religiosos) teve influência sobre alguns pensadores ocidentais. Pode-se citar Goethe, Schopenhauer e Emerson dentre eles. Mas a segunda metade do século XX não é uma era pós-colonial apenas num sentido político e econômico. Também o é culturalmente, como demonstra todos os dias a irrupção do assim chamado Terceiro Mundo. O presente argumento é que a dimensão religiosa do pós-colonialismo começa agora a se manifestar.

Benares está se vingando. Se missionários cristãos costumavam aglomerar-se na Índia e na China, hoje missionários hindus e budistas perambulam pelas ruas das cidades ocidentais, sobretudo na América. A explosão de religiosidade asiática na América no fim dos anos de 1960, é claro, foi em parte fruto dos caprichos da moda. Mas é seguro dizer que foi algo além disso. Decerto, algumas das mais extravagantes expressões da "Era de Aquário" foram extintas. Ademais, uma quantidade relativamente pequena de americanos adere explicitamente a grupos religiosos asiáticos[125]. Mas um número muito maior deles se engaja em práticas meditativas de origem asiática[126]. Mais difícil

---

125. As pesquisas de Robert Bellah e Charles Glock na região de São Francisco, e as recentes elaborações de Robert Wuthnow, são até o momento a melhor evidência empírica do fenômeno. Cf. BELLAH & GLOCK (eds.). *The New Religious Consciousness*. Berkeley: University of California Press, 1976. • WUTHNOW, R. *Experimentation in American Religion*. Berkeley: University of California Press, 1978.

126. Segundo pesquisas de opinião pública, esse número chega à casa dos milhões.

de medir é a elevada atenção às visões asiáticas da realidade em segmentos da cultura americana. Qualquer um que folheie os periódicos ligados ao movimento ecológico, por exemplo, ou que observe o contínuo interesse em religiões asiáticas nos campi universitários, provavelmente chegará à conclusão de que essa influência é bem mais ampla do que sugerem os números sobre uma identificação imediata com a religiosidade asiática.

Não surpreende que, dentro dos pequenos círculos de hinduísmo e budismo na América, haja grandes expectativas pela reversão do ímpeto missionário. Assim, os budistas falam do "dharma rumo ao Ocidente", e o veem como a abertura de uma nova era na história do budismo, comparável em importância ao grande movimento do dharma para fora da Índia, em direção aos países do Extremo Oriente. Um observador menos envolvido dificilmente concordará tão rapidamente com essas expectativas. Nada na história humana é impossível, mas a conversão de porções substanciais do povo americano ao budismo não parece ser um cenário provável. Entretanto, essas previsões não são pressupostas no presente argumento sobre o surgimento de um novo litígio entre Jerusalém e Benares. Para que o argumento seja válido não é preciso que os budistas americanos rivalizem com os metodistas e presbiterianos nas estatísticas sobre denominações religiosas. Antes, o que importa é a forte presença do budismo na consciência religiosa da América. O que se *pode* prever é que essa presença não vai acabar. Terá de ser enfrentada intelectualmente. O que vale para o budismo vale também para o protótipo de Benares em sentido mais amplo.

É interessante observar quão poucos teólogos cristãos demonstram algum interesse nas religiões não ocidentais. A maior parte da teologia cristã contemporânea, seja protestante ou católica, de esquerda ou de direita, age como se a tradição judaico-cristã estivesse sozinha no mundo – tomando o secularismo moderno como seu único interlocutor externo. Há exceções. Tanto o Vaticano (por meio de seu Secretariado para as Religiões Não Cristãs) quanto o Conselho Mundial de Igrejas têm conduzido um programa de diálogo com representantes de religiões asiáticas. Recentemente, Harvey Cox e Robert Bellah deram grande atenção à presença religiosa asiática na América[127]. Raymond Panikkar e John Hick fizeram sérios esforços para reformular alguns aspectos da doutrina cristã, confrontando-a com a religiosidade indiana[128]. Há outros esforços interessantes na mesma direção[129]. Por ora, é justo dizer que a controvérsia está ainda numa fase virtualmente embrionária.

O presente argumento não é apenas o de que os teólogos cristãos deveriam prestar atenção na Ásia. A questão é *que tipo* de atenção deve ser prestada. Portanto, o que se quer dizer aqui com controvérsia *não* é atenção por meio de distanciamento científico. *Nem* tampouco o tipo de diálogo que se poderia descrever como antidifamação recíproca – uma tradição religiosa explicando-se para as outras, com o objetivo de aprimorar a tolerância e a compreensão mútua. Ambos os tipos de atenção são certamente válidos, até louváveis, mas não implicam controvérsia no presente sentido. Escusado dizer, o que se intenta aqui

---

127. COX, H. *Turning East*. Nova York: Simon & Schuster, 1977. Cf. BELLAH & GLOCK. Op. cit., bem como vários ensaios nos quais Bellah se revela mais que um observador sociológico.

128. PANIKKAR, R. *The Unknown Christ of Hinduism*. Londres: Darton, Longman & Todd, 1964. • HICK, J. *God and the Universe of Faiths*. Londres: Macmillan, 1973. Cf. esp. HICK, J. *Death and Eternal Life* (Filadélfia: Westminster, 1974), no qual Hick se dedica à fascinante tarefa de tentar conciliar a visão indiana da reencarnação com o cristianismo.

129. Cf. HICK, J. (ed.). *Truth and Dialogue in World Religions*. Filadélfia: Westminster, 1974. • DUMOULIN, H. *Christianity Meets Buddhism*. LaSalle, Ill.: Open Court, 1974. • DAWE, D. & CARMAN, J. (eds.). *Christian Faith in a Religiously Plural World*. Maryknoll, NY: Orbis, 1978.

também *não é* dar atenção a uma outra tradição religiosa de modo a evangelizar mais eficazmente os seus adeptos – a disciplina outrora chamada de *Missionswissenschaft*, hoje felizmente em declínio. *Controvérsia significa um encontro aberto com outras possibilidades religiosas em nível de seus juízos de verdade.* Dito de outro modo, lidar seriamente com uma outra religião implica manter-se aberto, ao menos hipoteticamente, à proposição de que ela é verdadeira. Dito de outro modo ainda, ingressar numa controvérsia inter-religiosa é estar preparado para mudar a própria visão da realidade. Qualquer coisa aquém disso, valorosa o quanto seja (digamos, para a pesquisa científica, ou para problemas sociopolíticos, ou apenas para a ampliação dos horizontes culturais), é menos que a controvérsia requerida pela presente situação. É *esse* tipo de controvérsia que se encontra ainda em fase embrionária.

É importante que um mal-entendido particular seja evitado aqui: dizer que Jerusalém e Benares caminham para uma nova controvérsia *não* é o mesmo que prever o seu resultado. E certamente *não* é o mesmo que prever, ou ansiar por, qualquer sorte de grande síntese. Esta, mesmo que eventualmente possível (houve algumas tentativas no passado), seria certamente uma construção pálida e abstrata, um artefato intelectual mediante o qual fluxos de experiência religiosa vivida reduzir-se-iam ao seu mínimo denominador comum. Fosse esse o resultado, seria melhor não haver controvérsia alguma. A definição anterior de controvérsia sugere uma prontidão em dizer sim aos juízos de verdade de uma outra tradição religiosa; igualmente importante é, por princípio, a prontidão em dizer não. *Considerar os juízos de verdade da visão indiana do mundo não é aceitá-los* a priori. Com efeito, qualquer um que entre nessa controvérsia de um ponto de partida cristão ou judeu deverá esperar dizer não em um grande número de temas. Mas, da mesma forma, é improvável que esse indivíduo, se realmente tiver a mente aberta, diga não em *todos* os temas. E no entanto, até mesmo um único sim implicaria uma modificação da visão judaico-cristã. Em outras palavras, uma vez iniciada a controvérsia, é improvável que os seus participantes permaneçam os mesmos.

O divino no confronto e na interioridade

Podemos agora afirmar o caráter da polaridade mais precisamente (e, ao mesmo tempo, de modo a deixar os historiadores da religião menos nervosos): há dois tipos distintos de experiência religiosa caracterizados, respectivamente, pelo *confronto com o divino* e pela *interioridade do divino*. Dizê-lo é propor tipos ideais no sentido weberiano: ou seja, empiricamente, os dois tipos não existem necessariamente em forma pura; eles se interpenetram, exibindo-se em versões mistas ou de compromisso. Mas, se os dois tipos de experiência religiosa podem ser achados transculturalmente, nem por isso estão distribuídos igualitariamente ao longo do espectro das culturas humanas. Assim, a Ásia Ocidental caracterizou-se por uma forte concentração do primeiro tipo, enquanto a Índia e as culturas religiosas sob sua influência por uma forte concentração do segundo. Se olhamos para a questão desse modo mais cauteloso, notamos que os dois polos, Jerusalém e Benares, não são opostos absolutos, aparecendo como polos antes num sentido quase estatístico: são, por assim dizer, os centros de dois grupos de experiência religiosa. Todavia, esse jeito mais cauteloso de formular a antítese não diminui em absoluto a sua importância. Portanto, a maioria dos historiadores concordaria que as três grandes religiões monoteístas surgidas da experiência bíblica têm um viés forte e intrínseco contra o misticismo (que é a característica por excelência do tipo da interioridade). De fato, na antiga Israel, bem como no Irã de Zoroastro, é virtualmente impossível achar *qualquer* manifestação de misticismo (a não ser que se queira definir a sexualidade sagrada como uma forma arcaica de experiência mística). Em contraste, ao longo de sua história a Índia tem sido extremamente receptiva ao misticismo, a ponto de um historiador tê-la chamado apropriadamente de "a alta escola do misticismo"[130].

Nas já mencionadas controvérsias entre os tipos Jerusalém e Benares em períodos anteriores da história não surpreende que fosse a relação entre confronto e interioridade que impusesse um problema urgente de interpretação. Do ponto de vista de Jerusalém, ele assim é formulado: *se Deus revelou-se a si mesmo na Torá (ou, é claro, em Jesus Cristo ou no Corão), como pode ser encontrado também na interioridade da consciência mística?* Do ponto de vista de Benares, dá-se a formulação inversa: *se o divino deve ser experimentado como o verdadeiro fundamento da consciência de todo homem, qual é o status de revelações históricas particulares?*

A sociologia do conhecimento fornece uma perspectiva útil precisamente sobre essas situações de conflito cognitivo, e uma categoria derivada dessa disciplina nos serve aqui – a de *niilização*. Falamos em niilização quando um sistema cognitivo desenvolve modos de interpretar os juízos de verdade de um sistema cognitivo rival como sendo nulo ou vazio, neutralizando assim a ameaça implícita de seus próprios juízos de verdade. Tanto Jerusalém quanto Benares são, pois, plenamente capazes de niilizar uma à outra. Os argumentos dos místicos foram recorrentemente interpretados pelos defensores da ortodoxia

---

130. ZAEHNER, R.C. *Hindu and Muslim Mysticism*. Nova York: Schocken, 1969, p. 3.

judaica, cristã e islâmica como idolatria, ilusão, ou dádivas do demônio. A rejeição barthiana de toda forma concebível de misticismo como "descrença" é apenas uma expressão recente dessa venerável tradição de anatematização. Essa atitude, claro está, é particularmente simpática a grupos religiosos que conduzem agressivas atividades missionárias. Mas não devemos nos iludir com a proverbial tolerância de Benares. Também há uma forma peculiarmente hindu e budista de niilização. Tipicamente, ela se dá pela interpretação das experiências do tipo confrontacional como sendo de *status* religioso inferior, que, nos casos mais graves, manifestam um estado de incivilidade espiritual, e, nos menos, apresentam-se sob a forma de meras etapas úteis numa escalada rumo a uma experiência superior na qual estão destinadas a se dissolver. Nessa perspectiva, a devoção personalista de um judeu ou de um muçulmano seria um faz de conta infantil se comparada à verdadeira iluminação espiritual. Se isso é tolerância, trata-se de uma tolerância assaz condescendente.

Há uma maneira mais promissora de abordar o problema. Ela é possível se aceitamos os pressupostos metodológicos da abordagem indutiva aqui proposta – especialmente o de que toda experiência religiosa humana deve ser levada extremamente a sério. Dessa perspectiva, parece altamente improvável, para dizer o mínimo, que os milênios de experiência hindu e budista possam ser subsumidos dentro do rótulo de idolatria ou ilusão. Por outro lado, é ainda mais implausível encarar o Profeta Isaías como uma insinuação infantil daquilo que qualquer monge tibetano ordinário saberia de cor. Mas se nem os juízos de verdade da confrontação nem os da interioridade são niilizados nesse sentido, uma questão muito mais interessante pode ser formulada: *Como é possível que ambos os tipos de experiência religiosa sejam verdadeiros?*

Assumamos, pois: se deve haver uma nova controvérsia entre Jerusalém e Benares, aquela questão é muito boa para levantar a agenda. Por sorte, tendo em vista a extraordinária complexidade da questão, outros a colocaram antes. Um ótimo *modus operandi* seria dar uma nova olhada nas tentativas anteriores de respondê-la. Como já dissemos, historicamente os dois tipos de experiência religiosa jamais se opuseram de maneira pura ou absoluta; em vez disso, eles se interpenetraram. Há uma rica história de movimentos místicos nas três grandes tradições monoteístas; há poderosas erupções de devoção confrontacional no hinduísmo e no budismo. Esquematicamente, há fenômenos de tipo Benares dentro da matriz Jerusalém, bem como fenômenos de tipo Jerusalém dentro da matriz Benares. Esses casos colocam obviamente um problema cognitivo. Os guardiões das tradições oficiais de cada tipo puderam sempre lidar com o problema mediante simples niilização, e o fizeram muito frequentemente (por vezes o bastante para passar da invalidação teórica da heresia para a liquidação prática do herético). Os que se desviaram das tradições não tiveram saída tão fácil: eles precisaram se explicar. As estratégias cognitivas empregadas por esses indivíduos são de grande utilidade para uma abordagem do problema. Também por sorte, alguns deles foram pensadores de grande força e originalidade.

O misticismo também não é um fenômeno monolítico, e suas manifestações dentro das matrizes Jerusalém ou Benares exibem uma considerável variedade[131]. Se definimos o misticis-

---

131. Uma das melhores introduções ao misticismo (embora a conceitualização deixe um pouco a desejar) é ainda o capítulo sobre esse tópico em JAMES, W. *The Varieties of Religious Experience*. Nova York: Collier Books, 1961, p. 290ss. [publ. originalmente em 1902]. Um sobrevoo clássico é UNDERHILL, E. *Mysticism* [publ. originalmente em 1911]. Acerca de movimentos místicos no judaísmo e no Islã respectivamente, cf. duas excelentes histórias: SCHOLEM, G. *Major Trends in Jewish Mysticism*. Nova

mo da maneira ampla sugerida anteriormente – ou seja, como uma busca religiosa voltada para dentro, que procura o divino na interioridade da consciência humana –, pode-se então descobrir elementos místicos até mesmo na devoção de Lutero, de resto altamente confrontacional, e certamente em formas religiosas voltadas para dentro, tais como o Metodismo (o "coração aquecido" de Wesley) e as revivalistas alterações de consciência de boa parte do protestantismo americano. Na cena contemporânea, até o movimento carismático pode ser considerado mais místico que o sóbrio confronto com "a Palavra e o Sacramento" da devoção cristã ortodoxa. Essas formas de quase-misticismo levantaram problemas para os guardiões oficiais das tradições, no mínimo por conta de seu emocionalismo e frequente desrespeito por autoridades eclesiásticas, mas a ameaça cognitiva por elas imposta tem sido relativamente branda. Todas podem ser subsumidas sob o rótulo do que alguns estudiosos chamaram de "o misticismo da personalidade", com o sentido de formas de experiência interior nas quais, a despeito de sua intensidade, não há dissolução da personalidade humana, nem esquecimento do caráter pessoal e transcendente de Deus. A ameaça cognitiva mais séria veio de um outro tipo de experiência mística, usualmente chamada pelos estudiosos de "misticismo da infinitude", no qual o indivíduo acredita perder completamente as suas próprias qualidades pessoais e fundir-se em união com o divino, seja diretamente, por meio de sua própria consciência, ou através de uma experiência de unidade com o universo

---

York: Schocken, 1954. • SCHIMMEL, A. *Mystical Dimensions of Islam*. Chapel Hill: University of North Carolina Press, 1975. Para um bom resumo das diferentes teorias sobre o misticismo, cf. a primeira parte de STAAL, F. *Exploring Mysticism*. Berkeley: University of California Press, 1975. É possível aproveitá-lo sem necessariamente partilhar das opiniões negativas do autor sobre a maior parte dessas teorias.

natural. Pode-se dizer com segurança que esse tipo de misticismo esteve sempre em casa dentro da matriz Benares, e as visões de mundo tanto do hinduísmo quanto do budismo foram-lhe sempre muito receptivas. Pode-se dizer também que a interpretação clássica dessa experiência se encontra nos Upanixades, especialmente na ideia da unidade última entre a realidade mais profunda da alma humana (*Atman*) e a essência divina do universo (*Brahman*). A famosa fórmula upanixádica "você é isto" (*tat tvam asi*) refere-se a essa unidade, englobando aquilo que, na experiência mística, é a meta da busca salvífica. Essa mesma ideia, é claro, teve elaborações altamente sofisticadas na filosofia indiana, especialmente na escola monástica (*Advaita*) do Vedanta[132]. Ao passo que as suas interpretações são bem diferentes no pensamento budista (e, além disso, no jainismo e na teoria sobre a *Samkhya*, na Yoga), aí também a experiência não representa ameaça cognitiva à visão de mundo religiosa em geral.

Irrupções desse "misticismo da infinitude" tiveram um efeito muito distinto dentro da matriz das religiões monoteístas da Ásia Ocidental. Nesta, a experiência pôs imediatamente em questão a revelação do Deus pessoal e transcendente encarnado na tradição – o Deus de Abraão, Isaac e Jacó, que entregou a Torá a Moisés; o Pai de Nosso Senhor Jesus Cristo; o Deus que revelou o Corão a Maomé, o Deus sem companheiros ou sócios. Uma de suas características mais centrais é a total alteridade em relação ao homem, a quem confronta em absoluta e temível majestade (como na visão do trono de Isaías). Sugerir, como faz o "misticismo da infinitude", que o homem possa experimentar uma unidade com *esse* Deus é suscitar imediatamente a hipó-

---

132. Cf. ZIMMER. Op. cit. • DEVANANDAN, P.D. *The Concept of Maya*. Calcutá: YMCA, 1954. • DEUTSCH, E. *Advaita Vedanta*. Honolulu: East-West Center, 1969.

tese de blasfêmia. Não é, pois, de surpreender que autoridades religiosas judaicas, cristãs e muçulmanas não raro tenham reagido veementemente contra os místicos desse tipo, chegando às vezes ao ponto da perseguição sangrenta. Um exemplo clássico é o destino do místico islâmico al-Hallaj, executado em Bagdá no ano de 922 por insistir na fórmula "eu sou a verdade" (*ana'l-haqq*), que as autoridades entendiam (provavelmente com razão) como implicando uma identificação com Deus[133].

Aqueles que objetam ser a experiência mística idêntica ao redor do mundo, ou que esse misticismo transcultural é o verdadeiro fundamento de toda religião, costumam ter em mente o "misticismo da infinitude"; o outro tipo, o "misticismo da personalidade", é obviamente muito variado para sugerir tais ideais. A noção de que essa variedade de experiências religiosas é base mesma de toda religião é uma declaração de fé, com pouco ou nenhum suporte na evidência empírica. Mas a proposição de que o "misticismo da infinitude" é sempre o mesmo, a despeito de diferenças de interpretação, é fortemente sustentada pelas evidências. William James afirmou-o muito claramente: "O fato é que o sentimento místico de expansão, união e emancipação não traz em si mesmo nenhum conteúdo intelectual específico. Ele é capaz de formar alianças matrimoniais com materiais fornecidos pelas mais diversas filosofias e teologias, conquanto possa achar em sua estrutura um lugar para a sua peculiar inclinação emocional"[134]. Há também aqui, é claro, o pressuposto metodológico de que o núcleo experiencial desse tipo de misti-

---

133. O caso de al-Hallaj foi abordado definitivamente por Louis Massignon, que devotou toda a sua vida a esse estudo: *La passion d'Al Hosayn Ibn Mansour Al-Hallaj, Martyr mystique de l'Islam*. Paris, 1922 [publicado, incidentalmente, exatos mil anos após a execução de seu objeto de pesquisa].

134. JAMES. Op. cit., p. 333-334.

cismo pode ser desvelado a partir das "alianças matrimoniais" com esse ou aquele esforço teórico que se lhe tenham dedicado. E pode-se acrescentar, na linha do que precede, que a acomodação da experiência dentro da "estrutura" teórica prevalecente foi sempre muito mais fácil em Benares do que em Jerusalém.

Uma demonstração dramática da similaridade desse tipo de experiência mística foi dada por Rudolf Otto em seu estudo comparativo entre o místico medieval Mestre Eckhart e Shankara, o grande professor vedanta[135]. Eckhart viveu na Alemanha de 1250 a 1327; Shankara, na Índia, por volta do ano de 800. É muito difícil imaginar como os escritos deste podem ter influenciado aquele, e no entanto, repetidamente, as palavras de um "parecem uma tradução para o latim ou para o alemão do sânscrito do outro, e vice-versa"[136]. Seguia-se para Otto que os dois mestres estavam tentando articular a mesma experiência. É uma conclusão razoável. Afinal de contas, um falante de alemão da alta Idade Média que descrevesse um pôr de sol sair-se-ia provavelmente com formulações muito similares às de um indivíduo do século IX que o fizesse em sânscrito. Seria, pois, razoável concluir que ambos os indivíduos de fato observaram o pôr de sol, tornando desnecessária a hipótese de que, de algum modo, um tenha copiado o outro (seja por qual trajetória de sucessivos plágios). Mas há uma diferença de curso: é muito claro o que é um pôr de sol; o mesmo não se pode dizer de uma experiência mística. Consequentemente, mesmo admitindo-se haver uma experiência universal subjacente aos diversos registros, deve-se ainda perguntar sobre o que é realmente

---

135. OTTO, R. *Mysticism East and West*. Nova York: Macmillan, 1970 [publ. originalmente em 1932].
136. Ibid., p. 14.

essa experiência. Muitos místicos, eles próprios, fizeram a mesma pergunta. Eckhart o fez, bem como Shankara.

Muito mais interessante que o fato de Eckhart e Shankara terem tido aparentemente a mesma experiência é o fato de ela os haver levado a interpretações espantosamente similares. A matriz teórica na qual trabalhava Shankara (essencialmente a "estrutura" fornecida pelos Upanixades) tornou-o relativamente fácil. Também ele teve de registrar outros tipos de experiência religiosa – a saber, as versões hindus da experiência confrontacional, no encontro com um sem-número de deuses pessoais e na devoção pessoal (*bhakti*) a eles. Pode-se até mesmo dizer (como fez Otto) ter havido um "fundamento teísta" para a especulação de Shankara, fruto de sua noção sobre o supremo deus Ishvara, comparado ao Deus da tradição bíblica. A questão torna-se então saber como Brahman, a realidade última com a qual a alma humana experimenta união e identidade, se relaciona com Ishvara. Não há dúvidas de que, para Shankara, todo encontro com Ishvara não passa de um passo inferior no caminho até Brahman. De fato, como Brahman não é apenas a realidade última, mas também a única verdadeira, Ishvara é, no fim das contas, tido por uma ilusão (*maya*) – ilusão religiosamente útil, talvez (ao menos para aqueles que ainda não progrediram aos níveis mais altos de entendimento), mas ilusão ainda assim. Os deuses (incluindo Ishvara) vêm e vão. Eles surgem de Brahman e retornam a ele. No fim, só Brahman permanece, situado além de toda qualidade, incluindo a personitude. Ao fundir-se com Brahman, como uma gota de água dissolvendo-se no oceano, também a alma humana vai além da ilusão sobre os deuses, e a devoção pessoal (mesmo a Ishvara) perde todo o sentido.

A matriz teológica do catolicismo medieval não era tão receptiva a formulações desse tipo. Todavia, Eckhart produziu-as muito similares, aparentemente compelido a tanto pela força mesma de sua própria experiência. O local central disso em seus escritos está na conceitualização da relação entre Deus e "divindade". Deus, claro está, é o Deus bíblico, o Deus da devoção cristã à maneira ortodoxa. Divindade é o divino que transcende esse Deus. Assim como o Brahman, ela é metapessoal e além de todas as qualidades. E, como Shankara, Eckhart ensina que, no auge da experiência mística, a alma atinge a unidade com a divindade – e, pois, supera todo intercâmbio com Deus. Com efeito, há passagens nas quais Eckhart fala em tornar-se e destornar-se Deus, emergir da divindade e nela dissolver-se. Claramente, essas formulações estão em contradição aguda com o caráter último do Deus bíblico, tal como experimentado no confronto com Ele. É muito natural que essa e outras formulações similares de Eckhart tenham sido condenadas pela Igreja (felizmente, depois de sua morte).

As condenações eclesiásticas raramente encerram essas matérias. O "misticismo da infinitude" continuou a atormentar a ortodoxia católica – logo depois de Eckhart, pelas mãos de seu quase tão ousado discípulo Suso, e por outros místicos católicos desde então. Até mesmo o protestantismo produziu místicos tais como Jacob Boehme e Angelus Silesius, que também surgiram com afirmações espantosamente próximas ao estilo hindu. Toda a história do misticismo judaico é prenhe em conflitos semelhantes, e os grandes pensadores místicos do judaísmo (a exemplo de Isaac Luria) produziram formulações igualmente ousadas sobre a relação entre o infinito (*en-sof*) da experiência mística e o Deus constrangedoramente pessoal da Aliança. O caso islâmico – melhor dizendo, o caso dos problemas do misticismo sufi dentro do contexto islâmico – é provavelmente o mais instrutivo. Talvez porque o Islã tenha sido a única religião mundial a transpor fisicamente a distância entre Benares e Jerusalém. O exato grau de influência das práticas hindus sobre o Sufismo é objeto de controvérsia entre os estudiosos[137]. Seja como for, o conflito entre os tipos interiorizado e confrontacional de experiência religiosa deu-se no contexto islâmico com particular intensidade – e também, para proveito dos estudiosos do assunto, com particular sofisticação. De fato, se antes sugerimos neste livro que o protestantismo constitui o caso paradigmático do encontro entre religião e Modernidade, pode-se afirmar agora que o Islã constitui um caso igualmente paradigmático do encontro entre Jerusalém e Benares.

Obviamente, não há como elaborarmos os detalhes aqui. Um conceito-chave nesse domínio é o *fana* sufi, que denota o desvanecimento ou a dissolução do Eu nas dores da experiência mística. Há poucas dúvidas de que isso se refere àquela mesma experiência que os "místicos da infinitude" registram nas partes mais distantes do mundo. E um sem-número de místicos sufi interpretaram-na de maneira a sugerir a identidade última do Eu com o divino, empregando uma linguagem que Shankara e Eckhart decerto julgariam conveniente. Já fizemos referência a al-Hallaj. Há outros. Um caso particularmente fascinante é o de Abu Yazid de Bistam, que por vezes utiliza uma linguagem que parece uma tradução direta dos textos hindus, como na seguinte passagem (capaz de conter até a clássica fórmula upanixádica "você é isto!"): "Um dia Deus ergueu-me, pôs-me diante de si e disse: 'Ó, Abu Yazid, a minha criação anseia verdadeiramente por ver-te'. E eu disse: 'Adorna-me com tua unidade, veste-me com teu Eu e ergue-me até a tua completude, para que, ao ver-

---

[137]. Zaehner (op. cit.) é da opinião de que houve significativa influência direta. Isso é questionado tanto por Schimmel quanto por Staal (tb. nas obras citadas).

me, tuas criaturas possam dizer: "Vimos-te [i. é, Deus] e *tu és isto*". Mas eu mesmo [Abu Yazid] não estarei lá"'[138].

Embora sempre se dizendo muçulmano, Abu Yazid (bem como al-Hallaj) parece não haver recuado frente às consequências panteístas de tais formulações. Outros o fizeram, tentando interpretar a experiência do *fana* de modo mais compatível com o Islã ortodoxo. Qushayri elaborou uma teoria psicológica extremamente sofisticada sobre a experiência mística, na qual se argumenta que o místico passa por ciclos de "expansão" e "contração", e que as formulações mais extravagantes podem ser remetidas às distorções de percepção provocadas pela fase expansiva. Em seu comentário sobre Abu Yazid, Junyard insistiu que a experiência do *fana* (também chamada de *mir'aj*, ou "ascensão"), na qual o místico acredita-se unido a Deus, é apenas um de vários estágios da trajetória mística – sendo o estágio final, não o de unidade com Deus, mas o de adoração amorosa (que, nos termos aqui usados, teria de ser chamada de confrontacional). E al-Ghazali, o grande filósofo responsável como nenhum outro por ter feito do sufismo uma parte respeitável das ciências divinas no Islã, era inconsistente no assunto, embora também tenha (junto com Qushayri) minimizado os excessivos apelos à unidade com o divino mediante uma explicação psicológica[139].

Se o "misticismo da infinitude" criou problemas cognitivos para as tradições da matriz Jerusalém, as manifestações da devoção confrontacional fizeram o mesmo dentro do hinduísmo e do budismo. No caso hindu, é claro, houve sempre uma rica tradição de devoção pessoal (*bhakti*) a divindades particula-

---

138. Zaehner. Op. cit., p. 94 [grifos meus]. Zaehner considera essa passagem como uma forte evidência de sua posição acerca das fontes hindus do sufismo.
139. Essas várias interpretações são amplamente discutidas em ZAEHNER. Op. cit., passim.

res, notadamente Vishnu e Shiva. O Bhagavad Gita foi tomado como guia de viagem justo para esse tipo de devoção, embora também contenha elementos do outro tipo de experiência religiosa. Uma figura fascinante do que poder-se-ia chamar de "hinduísmo confrontacional" é Ramanuja, o filósofo do século XII, particularmente interessante por haver criticado explicitamente Shankara e seus discípulos[140]. Para Ramanuja, a mais alta experiência do divino está no confronto face a face com a devoção amorosa. As experiências de unidade e absorção numa divindade impessoal são estágios imperfeitos no caminho daquela experiência elevada. Ramanuja criticou Shankara precisamente por este haver parado no ponto mais baixo da jornada rumo a Deus, imaginando-o o mais alto. De acordo com Ramanuja, o que os místicos experimentam nesse ponto mais baixo é de fato real – a natureza essencial do seu próprio Eu e do universo –, mas ainda não é Deus. Nisso, as formulações de Ramanuja são visivelmente similares às de Junyard e outros místicos cristãos que tiveram o cuidado de interromper uma interpretação de sua experiência que pudesse invalidar o teísmo bíblico. No caso budista, muito provavelmente, os melhores exemplos de problemas cognitivos similares virão do Mahayana. Já fizemos referência ao exemplo da Escola Terra Pura do Japão, com sua devoção quase "luterana" à figura salvadora de Amida. O problema cognitivo aqui é o de saber como essa piedade personalista e confrontacional pode ser conciliada com uma metafísica na qual o Eu é finalmente compreendido como ilusão (*an-atta*), e em que a categoria fundamental do universo é entendida como

---

140. Rudolf Otto dedicou-lhe um estudo: *India's Religion of Grace and Christianity*. Londres: Oxford University Press, 1930. Cf. tb. ZAEHNER, R.C. *Mysticism*: Sacred and Profane. Londres: Oxford University Press, 1961, passim. • CARMAN, J. *The Theology of Ramanuja*. New Haven: Yale University Press, 1974.

vazio (*shunyata*). Mas nenhuma dessas linhas de investigações poderão ser aprofundadas aqui.

Em suma, deixando de lado as interpretações mútuas mais grosseiras dos que defendem as experiências de confrontação e interioridade (ilusão, de um lado, ilusão e/ou idolatria, de outro), sempre houve interpretações que não invalidam a "outra parte". Uma das discussões mais completas sobre isso pode ser encontrada numa obra de R.C. Zaehner[141], que, na condição de católico romano, era muito aberto quanto ao seu próprio viés: tomava claramente partido de Ramanuja contra Shankara, e de Junyard contra Abu Yazid. No entanto, era justo com o outro lado. Explica em detalhes a maneira pela qual um Shankara pode caracterizar a devoção pessoal de, digamos, um cristão. Qualquer Deus pessoal, nessa perspectiva, é o que os Hindus chamam (numa estonteante antecipação do pluralismo religioso americano!) de "divindade de preferência" (*ishta-devata*). Como tal, Cristo é um "adjunto" (*upadhi*) para o crente religioso, um foco de devoção (pode-se até dizer, uma "alavanca") por meio do qual os indivíduos com certa bagagem podem, de fato, progredir religiosamente. Na experiência final do Brahman, todos esses "adjuntos" serão revelados como tendo uma realidade menor. Isso não significa serem relegados a um *status* de completo não ser. No entanto, não há dúvida de que a piedade cristã padrão é tida por religião de segunda categoria.

Por outro lado, não é necessário ao cristão (ao judeu, ao muçulmano ou ao praticante do *bhakti* hindu) repudiar as experiências do "misticismo da infinitude". Elas podem ser compreendidas como estágios rumo à visão beatífica do Deus pessoal e transcendente, um esvaziamento da mente a fim de

---

141. ZAEHNER. *Mysticism*: Sacred and Profane, esp. os cap. 8-10.

facilitar os próximos estágios da jornada. Para sustentá-lo, Zaehner cita o místico cristão flamengo Ruysbroeck. Este aceitava a experiência do vazio místico (o que os budistas chamam de *shunyata*), mas apenas em conjunção com outros elementos da vida cristã. Condenava-a quando tomada como fim em si mesma, e particularmente quando divorciada das demandas morais da vida cristã, pois ela pode ser encontrada por "todos os homens, não importando o quão maus possam ser, se viverem em seus pecados com a consciência imperturbável, e se forem capazes de esvaziar a si próprios de toda imagem e toda ação"[142]. Lembramos aqui da insistência de William James em que o teste final da experiência religiosa (mística ou não) deve ser moral – "pelos frutos os conhecereis". Há dificuldades com essa posição: O que fazer com o fato de que experiências aparentemente idênticas tenham sido registradas tanto em indivíduos prontamente reconhecidos como santos (digamos, Teresa de Ávila) quanto naqueles cujas vidas foram moralmente censuráveis ao extremo? (Um bom exemplo desta possibilidade é o sinistro Irmão Joseph, emissário do Cardeal Richelieu, que, dentre outras coisas, encorajou os indizíveis horrores da Guerra dos Trinta Anos na Alemanha – e que era um praticante da prece mística constante). Seja como for, Zaehner resume esse modo de interpretar o "misticismo da infinitude" de uma perspectiva cristã: "Obviamente deleitável o quanto seja, esse estado não é a Visão Beatífica, nem união alguma com Deus; é apenas a purificação do vaso capaz de, se for o caso, ser preenchido com Deus. *O vazio é o prelúdio da santidade*"[143].

---

142. Ibid., p. 172.
143. Ibid., p. 173 [grifos meus].

O litígio entre Jerusalém e Benares não chegou ao ponto de levar-nos a assentir tão rapidamente com qualquer uma dessas formulações. Há muito trabalho por fazer em explorar tentativas prévias de lidar cognitivamente com as discrepantes experiências em questão. E possibilidades cognitivas inteiramente novas podem surgir daí. Uma coisa, todavia, deve ficar clara: aqui estão problemas cruciais para uma abordagem indutiva da religião. Eles devem ter prioridade na agenda de uma teologia cristã que usa métodos indutivos[144].

À espera dos tambores negros de Deus

Ao longo deste livro, fizemos o esforço de desenvolver um argumento que possa ser acompanhado por homens razoáveis de qualquer bagagem ou perspectiva religiosa. Se a teologia é entendida como reflexão com base na fé, e dentro de um arcabouço dado pela fé, então o argumento do livro tem sido pré-teológico. (A definição de teologia, claro, é questionável, mas este não é o lugar para questioná-la.) Seja como for, nada do que precede foi baseado num compromisso com a fé cristã (ao menos não intencionalmente). Entretanto, pode ser adequado à guisa de conclusão abdicar desse ascetismo teórico, por assim dizer, e fazer algumas observações desde um ponto de vista explicitamente cristão.

O que isso *não* significa deve ter ficado claro no capítulo anterior: *não* significa tomar posição com base num "salto de fé", em alguma rocha de imunidade contra a crítica empírica e ra-

---

144. No passado, essa agenda foi subsumida sob o rótulo apologética, na qual a teologia cristã se engajava em batalhas contra o panteísmo e que tais. Já deve estar claro por agora a minha pouca simpatia por esse tipo de guerra cognitiva. Mas há algo mais de errado na abordagem apologética: ela desviava a atenção do nível experiencial para o teórico. Creio que isso prejudica o de resto excelente tratamento de Zaehner a essas questões, como quando ele postula o conflito como sendo entre o teísmo e o monismo. Ambos são categorias teóricas pelas quais certas experiências são interpretadas. A tarefa indutiva é mover as superestruturas teóricas até as raízes experienciais subjacentes.

cional. Significa *menos ainda* sucumbir novamente à autoridade da tradição cristã, seja ela expressa na Escritura ou numa instituição eclesiástica. O que significa é apenas isto: a convicção de que os conteúdos centrais da mensagem cristã oferecem a interpretação mais completa e adequada de nossa própria experiência de Deus, do mundo e do Eu. Dito de outro modo, a fé cristã significa expressar a convicção de que, no fim das contas, o universo faz sentido à luz do Sinai e do Calvário. Significa também, se se quiser, tomar partido de Jerusalém. Escusado dizer que essa tomada de posição não é apenas intelectual, referente a uma abordagem teórica em particular. Antes, ela envolve a pessoa como um todo, sendo nesse sentido "existencial". Talvez já tenhamos dito o bastante neste livro para atenuar a suspeita de que esse compromisso de fé implica irracionalismo, autoritarismo ou intolerância para com outras visões de mundo. Sejam quais forem as fragilidades da argumentação precedente, o fanatismo não é uma delas.

Deve ser dito claramente, pois, que o método indutivo proposto aqui para toda reflexão sistemática sobre o fenômeno religioso também é aplicável à teologia explicitamente cristã. É desnecessário dizer que isso pressupõe uma continuidade entre a teologia cristã e a busca humana por apreender a racionalidade do mundo em geral, incluindo aí a compreensão racional da filosofia e das ciências empíricas. Essa continuidade, decerto, é negada pelas versões correntes da neo-ortodoxia. Ao reafirmá-la, repudiamos *ipso facto* a neo-ortodoxia, inserindo-nos na linhagem da teologia liberal. Retornamos a Schleiermacher ao menos na medida em que consentimos com esse programa metodológico básico. Ao mesmo tempo, consideramos os movimentos secularistas tanto quanto os neo-ortodoxos como aberrações da teologia do século XX dignas de serem descartadas.

Deve ficar claro que isso não implica um retorno a conteúdos ou temas específicos da velha teologia liberal. Alguns deles foram tidos por obsoletos por novos *insights* de pesquisa; outros perderam a sua plausibilidade, na medida em que as suas raízes socioculturais tornaram-se manifestas. É decerto virtualmente impossível retornar a uma posição intelectual pregressa, e provavelmente nunca desejável. Mas há uma razão mais importante pela qual a agenda da teologia cristã hoje não deve ser igual àquela aparentemente tão óbvia antes da revolução barthiana: *a velha agenda da teologia liberal era o confronto com a Modernidade. Esta se exauriu. Hoje a agenda mais urgente é o confronto com a totalidade das possibilidades religiosas humanas.*

Muito da teologia cristã contemporânea ainda gira em torno da questão "O que o homem moderno tem a dizer para a fé cristã?" As respostas podem ser dadas nos termos desse ou daquele componente da *Weltanschauung* moderna, dessa ou daquela práxis cultural ou sociopolítica moderna. Decerto, há sempre algo para aprender teórica e praticamente das novas constelações trazidas pelo nosso momento na história. Nada do que foi dito aqui tem a intenção de recomendar nostalgias reacionárias ou cegueira aos novos *insights* da vida do século XX. No entanto, se algo impressiona hoje é a pobreza da Modernidade. "O que o homem moderno tem a dizer para a fé cristã?" A resposta provável é: "Não muito mais do que ele já disse!" O fato responde pela esterilidade de muito do que hoje se passa por combate cristão ao *Zeitgeist* – a sempiterna reinterpretação de Hegel, Marx ou Freud de modo a colocá-los em algum tipo de consonância com o cristianismo, ou a sempiterna tentativa de construir uma práxis cristã plausível sob as vestes desse ou daquele movimento revolucionário moderno – sem mencionar a angustiada espera pela palavra redentora nas últimas efusões daqueles tipos melancólicos que a grande imprensa costuma proclamar como profetas culturais. Mais estéril ainda é todo esforço renovado para tornar o cristianismo palatável ao que se supõe ser a consciência secular do homem moderno. Esse esforço é ironicamente fútil, pois é precisamente essa secularidade moderna que se encontra em crise. O fato mais óbvio acerca do mundo contemporâneo não é tanto a sua secularidade, mas antes a sua grande sede de redenção e transcendência.

Nessa situação, a teologia cristã precisa antes de mais nada de uma *prise de conscience* [tomada de consciência] de sua própria herança, algo que pressupõe uma distância crítica em relação à cacofonia da cultura contemporânea e aos pressupostos da secularidade moderna. Isso implica uma tomada de consciência – com efeito, uma retomada – do fenômeno religioso enquanto tal, e de sua variante cristã. Isso não significa em absoluto a virada reconstrucionista da neo-ortodoxia ou do neotradicionalismo. Em última análise, significa uma *reprise* [retomada], uma reapropriação, de nossa própria experiência. Significa também uma atitude de fidelidade a ela. Essa mesma atitude irá, pois, determinar como lidamos com qualquer tradição encontrada em nossa herança biográfica e social. Mas o presente argumento é que isso não basta – não, ao menos, para os que desejam encarar os desafios cognitivos da presente situação. Para estes, novamente, o confronto com as alternativas *religiosas* à fé cristã deveria constar no topo da lista das prioridades intelectuais.

A última coisa no mundo que pretendemos sugerir é que o estudo de religião comparada deva assumir o lugar da história, da psicologia, da sociologia ou de qualquer outra disciplina moderna em que a teologia tenha sido traduzida. Longe disso: a religião comparada, enquanto disciplina empírica, só é capaz de fornecer certos dados, que então podem se integrar ao argumento. No instante em que nos engajamos com os juízos de verdade de uma tradição, abandonamos o domínio da religião comparada. Não é preciso repetir os argumentos precedentes para sugerir que esse embate inter-religioso deveria ser uma preocupação central de quem quer que, hoje em dia, reflita sobre temas religiosos. Mas é digno de nota que os avanços na teologia cristã ocorreram tipicamente através de embates (nisso, provavelmente, a teologia não difere de outros empreendimentos intelectuais): o que é "nosso" torna-se claro em confronto com um "outro".

Cogitemos, generosamente o quanto se queira, que a Modernidade, e mesmo a secularidade moderna, tenha sido aquele "outro" ao longo de alguns séculos. Reconheçamos gratamente os ganhos cognitivos desse embate – e, daqui em diante, os tomemos por garantidos. Esse reconhecimento e essa apropriação tida por consolidada deveriam certamente incluir as modernas disciplinas da história e das ciências sociais. Tendo manifestado nosso apreço, podemos agora lidar com outras coisas. Decerto, há indivíduos para os quais essas dádivas cognitivas da Modernidade soam ainda alarmantes, espantosas e altamente provocadoras. Tipicamente, são indivíduos recém-egressos desse ou daquele estreito meio religioso, para quem a Modernidade é uma grande emancipação. Pode-se aplaudir sua libertação e simpatizar de coração com a sua descoberta de que a situação moderna é preferível (ao menos intelectualmente) ao submundo de sua criação. Mas não há razão para partilhar de sua reverência em face da Modernidade, ou para que o fato de haverem se descoberto homens modernos deva virar uma agenda teológica permanente. Pode-se dizer então, como já o fizemos, que um "outro" distinto da Modernidade talvez seja um estímulo mais frutífero à teologia cristã. De novo, esse "outro" é o panorama incrivelmente rico das religiões do mundo – imensamente mais promissor para o teólogo cristão quanto seria mais útil fuçar os Upanixades do que os últimos lançamentos dos ideólogos contemporâneos. Em suma, *passar do confronto com a Modernidade ao confronto com Benares é romper o impasse da teologia cristã contemporânea.*

Este capítulo foi subtitulado, algo otimisticamente, de "O próximo embate entre religiões". Talvez devamos qualificar esse otimismo. O subtítulo não pretende ser uma previsão sociológica. Em nível de realidade sociocultural, o embate já está em curso. Como argumentamos, ele é da essência da situação pluralista. Mas essa situação será tomada como desafio pela teologia cristã? Ou, ainda, por pensadores de outras tradições religiosas? Seria temerário arriscar previsões sobre isso. A história é cheia de casos em que os desafios de uma situação foram ignorados ou malcompreendidos. O embate em questão *deveria* surgir – esta é uma proposição; a outra é que, se surgir, ele ocasionará uma revitalização do pensamento religioso em toda tradição que dele fizer parte.

Para a teologia cristã, esse programa indutivo irá requerer uma série de incumbências, que podem se dar simultaneamente. Há, em primeiro lugar, a contínua retomada da própria tradição cristã, na insistente tentativa de revelar o substrato experiencial da tradição e sua "correlação" (para usar o feliz termo de Tillich) com a própria experiência vivida. Há o embate com o judaísmo, tão presente e no entanto tão pouco avançado pelos teólogos cristãos em seu fundamento cognitivo bem como experiencial; a despeito dos múltiplos contatos entre cristãos e judeus, especialmente na América, pode-se dizer seguramente que a maioria deles (por variadas razões) mal tocam em questões sobre juízos de verdade. Há o embate com o Islã, uma alternativa crucial dentro da órbita monoteísta, e uma ponte de fundamental importância com os mundos religiosos da Índia. Há então o grande embate com Benares, tal como alinhavado neste capítulo. E ressalte-se também que nada do que dissemos sobre o embate com as assim chamadas religiões mundiais pretende denegrir ou descartar os *insights* que podem ser extraídos das tradições religiosas de menor escopo histórico – quer seja na África, na América ou alhures. Quem quer que tenha visto, por exemplo, os templos de Tikal, erguendo-se magicamente por sobre a selva guatemalteca, ou escutado os tambores na noite africana, não poderá desprezar as experiências religiosas representadas nessas manifestações.

Há riscos para a teologia cristã num tal programa? Certamente. Mas decerto não são maiores do que os riscos assumidos em embates anteriores – aquele, digamos, com a filosofia grega na era patrística e novamente no escolasticismo medieval, ou com a aplicação da moderna pesquisa histórica à Bíblia no século XIX. A fidelidade à experiência vivida tem uma dimensão pessoal bem como intelectual, como Troeltsch afirmou eloquentemente. Isso inclui a suave convicção de que a verdade é sempre a sua própria garantia e que, consequentemente, aquilo que se impôs como verdade por sua força mesma não será anulado por descobertas subsequentes da verdade. Se esse programa indutivo para a teologia tiver de "falhar", não será no sentido de um fracasso da fé. Intelectualmente, todos os programas "falham" no fim. Não há sistema de pensamento pleno, final e inquebrantável – não "neste *aeon*". Sugerir um programa para a teologia não significa esperar por uma grande síntese final capaz de convencer a todos. É apenas sugerir que um curso particular de investigação será frutífero neste momento particular da história – nem mais, e sobretudo nem menos.

Outra coisa deve ser reafirmada a esta altura: a religião não é, em essência, um empreendimento intelectual. Os teólogos costumam esquecê-lo de tempos em tempos (e, nisso, não são piores que outros teóricos). A história do cristianismo não é a história da teologia cristã. Antes, é a história de um tipo particular de experiência religiosa e de fé. Consequentemente, o futuro do cristianismo não dependerá de qualquer programa teológico. Deve-se cuidar, portanto, para resistir à tentação de apresentarmos o nosso próprio programa teológico como a única coisa em nossos dias capaz de salvar a fé ou a Igreja. Esses apelos são sempre espúrios (e feitos incidentalmente com regularidade através do espectro teológico, à esquerda e à direita). Se o cristianismo tem um futuro, ele reside no ressurgimento da experiência e da fé cristãs nas vidas daqueles que nunca leram um livro de teologia. Contudo, o que os teólogos fazem não é irrelevante para o desdobramento do cristianismo na história. Pode atrapalhá-lo tanto quanto ajudá-lo. Por vezes, pode até desempenhar um papel importante (alguém já descreveu a Reforma Luterana como um evento que começou com uma conspiração de faculdade!). Portanto, propor um programa teológico particular é também sugerir – de novo, nem mais nem menos – que os teólogos devem ser mais prestativos.

Para o cristão, a história está nas mãos de Deus. O Novo Testamento diz aos cristãos para estarem atentos aos sinais dos tempos, mas também sugere que estes são difíceis de ler, e que alguns podem ser ilusórios. O Senhor está vindo – isso é afirmado na certeza vacilante da fé –, mas é Deus quem irá decidir quando e como. Até que isso ocorra, os cristãos podem apenas esperar e lidar com as demandas do momento. O pensador religioso e o teólogo também devem fazer aquilo que sua situação lhes demanda, mas, enquanto cristãos, devem evitar a especulação excessiva quanto ao resultado de seus esforços. Os sinais da presente situação também são difíceis de ler, confusos e cheios de possibilidades contraditórias – mesmo em se tratando de previsão sociológica, quanto mais de algum esquema escatológico da história. O debate acerca da secularização é um bom exemplo. Historiadores e cientistas sociais têm dificuldade em concordar sobre o que foi a secularização no passado e sobre o que ela é agora – que dirá, então, sobre o seu futuro. O mesmo vale para qualquer outra manifestação da Modernidade.

É possível que daqui a cem anos, digamos, a Modernidade seja muito próxima ao que é hoje. Isso significaria que a secularidade moderna terá superado as suas presentes dificuldades. É também possível que a crise da Modernidade dê origem a um poderoso ressurgimento de forças religiosas, cristãs ou não. Não há razão para excluir a possibilidade de que o futuro traga novas, posto que ainda inconcebíveis, hierofanias. O cristão, e especialmente o pensador cristão, deve permanecer aberto a todas as possibilidades de um futuro que está nas mãos de Deus. Nessa atitude de abertura, ele também deve tentar enfrentar as demandas do presente momento.

Há momentos na história em que os tambores negros de Deus mal podem ser ouvidos em meio aos ruídos deste mundo. Portanto, é somente em momentos de silêncio, raros e breves, que a sua batida pode ser fracamente discernida. Mas há outros momentos. Aqueles em que Deus é ouvido num estrondo, quando a terra treme e as árvores curvam-se sob a força de sua voz. Não é dado ao homem fazer com que Deus fale. Só lhe é dado viver e pensar de modo a que, quando surgir o trovão de Deus, seus ouvidos não estejam tapados.

Índice

Abertura da mente 85
   cf. tb. Possibilidade indutiva
Abraão 205
   Islã e 114
Absolutheit des Christentums Die; cf. *Absolutidade do cristianismo, A*
Absolutidade 179
Absolutidade do cristianismo
   A (Troeltsch) 179
Abstrações, realidade e 57-59
Abu Yazid 210s., 213
Adão 130
Advaita (escola) 205
Advaita Vedanta (Deutsch) 205
África 40, 221
Ahura Mazda 191
Alá 109s.
   cf. tb. Islã e muçulmanos
Alemanha e alemães 93-95, 104-106, 116s., 127, 136, 164, 186
   cf. tb. Nazismo
Al-Ghazali 115s., 178, 211
Al-Hallaj 206, 210s.
Alienação 39-41
   cf. tb. "Morte de Deus"; Existencialismo
Almas 62
Altizer, Thomas 122

Alucinação (drogas alucinógenas) 57, 59
América e americanos 32s., 171, 186, 204, 220s.
  e alternativas sexuais 31s.
  e disponibilidade de experiência religiosa 54
  e emancipação dos judeus 46
  e ética, moral 140s., 169s.
  e irrupção da neo-ortodoxia 93s.
  enquanto "sociedade-guia", protestização 79s.
  identificação do cristianismo com modo de vida 142
  Latina 143
  religiões asiáticas na 196-198
Amida 101, 212
  anatematização 202
Amor 62
An-atta 212
Anfänge der dialektischen Theologie 94
Angst 40, 77, 106, 133, 148
  cf. tb. Kierkegaard, Søren
Anjos 69
Anknüpfungspunkte 97
Ansiedade 133
  cf. tb. *Angst*
Anti-institucionalismo 69
Antissemitismo 46
"Antropogênese" 191
Antropologia 149, 171
  cf. tb. Feuerbach, Ludwig
Apologética 215
Apóstolos 116
  e exorcismos 128
Arábia, hierofania 113s.
  cf. tb. Nacionalismo árabe; Islã e muçulmanos
Arianos 193
Arjuna 192
Arte moderna 38
Ascensão, a 130

Ásia Ocidental 9, 113s., 180
  próximo embate religioso entre Jerusalém e Benares 188-223
Aslama 109
Ateísmo 101
Atenas 22, 188s.
Atman 205
Atos, Livro dos 102
Aufhebung (*aufgehoben*) 101
Autoconsciência 162
  "imediata" 162
Autoridade; cf. Tradição

Baal 176
Bagdá 206
Bali 15
Barganha 123-136
Barrett, Loretta 13
Barth, Karl (teoria barthiana) 94-97, 99-104, 116-118, 154s., 164, 183s., 202, 217
  Bultmann e 128, 135s., 146
  e ataque de Brunner a Schleiermacher 156
  Protestantische Theologie im. Jahrhundert, Die 90, 101
Bartsch, Hans-Werner 127
Bellah, Robert 198
Benares e Jerusalém, o próximo embate entre 188-223
Berger, Brigitte 20, 41
Berger, Peter L., outros livros de 20, 33, 41, 67, 74, 118, 140
Berlim
  palestras de Harnack 166s.
  palestras de Schleiermacher 157
  Rosenzweig em 117
Bhagavad Gita 192
  e devoção pessoal 212
Bhakti 208, 211
Bíblia (Escrituras) 62, 64, 97s., 100, 161-163
  linguagem de Deus 62

literatura sobre 62, 78, 91, 166, 221
cf. tb. Novo Testamento; Deus
Bistam 210
Bloch, Ernst 41
Bodisatvas; cf. Budismo
Boehme, Jacob 209
Brahman 205, 208, 213
Bretanha e bretões 124
Brunner, Emil 97, 156
Budismo 49, 194, 202s., 211s.
  Terra Pura 101s., 212
Bultmann, Rudolf 62, 127-138
Burckhardt, Jacob 40
Burguesia 93
Buri, Fritz 144
"Busca de motivos" 161

Cadres sociaux de la mémoire, Les 70
Calvário 114
Calvinismo
  Barth e 99
  e predestinação 97, 109
  Schleiermacher e 156
Campi universitários e religiões asiáticas 197
Capitalismo 78, 186
  causa da Modernidade 19
  identificação do cristianismo com 142
Caporale, Rocco 43
Carman, John
  e *Christian Faith in a Religiously Plural World* 108, 198
  Theology of Ramanuja, The 212
Casamento e pluralização 31
Católicos e catolicismo 92, 185, 208s.
  e Budismo Terra Pura 102
  e secularidade moderna 78s.
  e protestantização 79

Católicos romanos; cf. Católicos e catolicismo
"Cavaleiro da fé" 104
Certeza 35, 85, 175-185
  "vacilante" 99
  cf. tb. Crença; Hierofanias; Possibilidade indutiva;
  Neo-ortodoxia; Tradição
Christian Faith, The (Schleiermacher) 157, 161
Christian Faith in a Religiously Plural World 108, 198
Christianity Meets Buddhism 198
Christian Thought: Its History and Application 181
Christliche Glaube nach den Grundsätzen den evangelischen Kirche, Der 161
Church Dogmatics 96
  cf. tb. Barth, Karl
Ciência(s) 130s., 149, 216
  como sagrado 66
  Jaspers critica Bultmann sobre 146
  sociais 75, 149, 219
"Cientificismo" 146
Cirurgia 32
  de mudança de sexo 32
Civilização do Indo 193
Civilização ocidental (cultura ocidental; o Ocidente) 38, 49, 51, 121, 169s., 189
  e desenvolvimento do protestantismo 78
  e missionários; cf. Missionários
  filosofia desde Descartes 37
  imperialismo 195
  Clayton, John 179
Cômico (humor) e realidade 58s.
Compromissos; cf. Barganha; Possibilidade indutiva
Comunicações
  língua inglesa e 26
  cf. tb. Telefone

Comunidade(s) 159, 162
  "devotas" 162
  do consenso 46
  e neo-ortodoxia 117
  cf. tb. Sociologia
Comunismo 173
Concept of Maya, The 205
Concílio Vaticano II 79
Concluding Unscientific Postscript 104
"Condenado à liberdade" 40
Confronto 190s., 200-215
Consciência 33, 36, 43, 55s., 153, 155, 162s.
  alterações da 204
  auto 162-164
  falsa 148
  moderna 20, 22s., 121-123, 186
  visão do trono e 192
  cf. tb. Realidade; Modernidade; Possibilidade redutiva
Conselho Mundial de Igrejas 81
  e religiões asiáticas 198
Conservadorismo 12, 40
  cf. tb. Tradição
Contracepção 27s.
Contramodernidade 41
Controle de natalidade 27s.
Copenhagen 106
Copérnico 173
Coragem 34
Corão 68s., 75, 109s., 114, 205
  linguagem do 71s.
Cosmos e cosmologia (universo) 30, 63, 128s., 145, 191, 193
  cf. tb. Mitologia
Cox, Harvey 198
Crença 34-36
  "Eu creio" 54
  cf. tb. Experiência; Fé; Misticismo e místicos

Cristo; cf. Jesus Cristo
Cristocentrismo 100
  cf. tb. Jesus Cristo
Crucificação e cruz 130, 135
Cuddihy, John Murray 80
Cullman, Oscar 62
Cultos
  à natureza 190
  de mistérios gregos 194
Culture of Unbelief, The 43

Dahm, Karl-Wilhelm 43
Dawe, Donald 108, 198
Dawood, N.J. 68, 75, 109, 114
Death and Eternal Life 198
Decisão; cf. Escolha; Neo-ortodoxia; Reflexão
Decisionismo 105, 171
Declaração
  de Hartford 12
  Teológica de Barmen 95
Democracia 169
  cristianismo identificado com 142
Demônios 24
Denominação 80
Dependência 157
Descartes, René 37s.
Destino 26-33
Deus 174, 190-192, 201-204, 208s., 211-216, 222
  e possibilidade dedutiva 82s., 96, 98s.
  e possibilidade indutiva 157s., 163, 176s., 185, 187
  e possibilidade redutiva 129, 132, 138s., 143, 145
  "morte de" 76, 122
  Palavra de 97-99
Deus dixit 83-85
Deuses 121
  da fertilidade 191

Deutsch, Eliot 205
Devanandan, P.D. 205
Devoção 184, 208
Dharma 197
Dialog 55
Dialogue avec un ami athée 110
Dilthey, Wilhelm 155
Direita, a 12, 142, 185
  cf. tb. Secularismo
Divindade 209
Divisão do trabalho 31
Dogmática eclesiástica 96
  cf. tb. Barth, Karl
Doppelbödigkeit 58
Dor
  e plausibilidade 34
  e realidade 57
Dormir; cf. Sonho
Dostoiévski, Fiodor 39, 93, 135
Drogas, alucinógeno 57, 59
Dumoulin, Heinrich 198
Durkheim, Émile 63, 159

Eckhart, Mestre 207-209
Ecologia 197
Ecumenicidade 9, 189
Edmund Husserl (Natanson) 86
Edwards, Jonathan 177
Einstein, Albert 177
Ekstasis 58
Eliade, Mircea 62s., 113, 181
Elias 176
Embate entre religiões 188-223
  "o dharma está indo para o oeste" 189-201
  o divino no confronto e na interioridade 201-213
  esperando pelos tambores negros de Deus 215-223

Emerson, Ralph Waldo 196
Empirismo 153, 158, 167, 174, 178, 216
  cf. tb. Experiência
"Engenharia genética" 32
En-sof 209
Entmythologisierung 127
Entscheidung, Die 105
Epistemologia 37
Epístolas paulinas 94, 129
  e derivação de "heresia" 44s.
Era
  de Aquário 196
  protestante 79
Ernst Troeltsch and the Future of Theology 179
Escatologia 136
Escolasticismo 103, 221
Escolha (escolher) 16s., 120-122, 160
  do destino à 26-33
  cf. tb. Modernidade
Escravidão, Paulo e 126
Escrituras; cf. Bíblia
Espaço, o sobrenatural e 61s.
Espírito Santo 128, 130
Esquerda, a 12, 142, 185s.
  cf. tb. Liberalismo; Revolucionismo
Essence of Christianity, The 167
Essência (*Wesen*) 157, 165, 167, 169, 175, 181
Estado-nação
  e Modernidade 19
  enquanto sagrado 66
"Estilo de vida sexual" 32s.
"Estilos de vida alternativos" 30
Ética (moral, moralidade) 34, 169, 177, 192s., 214
  e modelo de tradução 140s.
  falta de interesse de Jesus pela 174s.

Europa (cultura europeia) 40, 92s.
  Central 93
  e emancipação dos judeus 46
  e revolução tecnológica 18s.
"Eu sou a verdade" 206
Evangelhos, os 129
  cf. tb. Novo Testamento
Existencialismo 41, 69, 104-106, 120, 132-136, 145, 182, 216
  cf. tb. Alienação
Êxodo, Livro do 100
Exorcismos 128
Experiência 50-53
  estética 55, 58s., 65-68, 98s.
  religião como 60-70
  cf. tb. Possibilidade dedutiva; Possibilidade indutiva; Reflexão
Experimentation in American Religion 196
Exploring Mysticism 204

Falsa consciência 148
Fana 210s.
Fanatismo 186, 216
Fé 96-100, 117, 133s., 156, 159, 163, 170s., 183
  "salto de fé" 104-106, 111, 119, 134, 215
  cf. tb. Crença
Feminismo 31
Fenomenologia 55, 159s.
  cf. tb. Realidade
Ferramentas 27
Feuerbach, Ludwig 73, 101, 149, 151
  e Schleiermacher 157-159
Filosofia 32, 37s., 40, 146, 216
Finitum non capax infiniti 99
Física, abstrato e realidade 57s.
Frage der Entmythologisierung, Die 145
França, estudo do impacto da vida urbana sobre a
  religião na 124

Franz Rosenzweig (Glatzer) 117
Freud, Sigmund (teoria freudiana) 101, 148-150, 217
  e projeção 73
  e repressão 148
Fröhliche Wissenschaft, Die 77
Fundação Exxon de Educação 13

Gálatas, Epístola aos 44
Galileia 74, 114
Gandhi, Mohandas K. 195
Gare du Nord (Paris) 124
Garuda (linha aérea) 15
Gehlen, Arnold 37, 40
Geschichte der deutschen evangelischen Theologie 90, 166
Glatzer, Nahum 117
Glaubenslehre (Troeltsch) 182
Glock, Charles 196
Gnosticismo 195
  "sobrenatural" e 60
God and the Universe of Faiths 198
Goethe, Johann Wolfgang von 196
Graça 97, 99, 134
  "religião da" 101
Grant, Michael 107
Gravidade 29
Gravidez e controle de natalidade 27-29
Greene, William 30
Gregos (e helenismo) 41, 192, 221
  e destino 30
  e espaço 62
  influência indiana sobre os cultos de mistérios nos 194
  vs. Jerusalém 188s.
Grumelli, Antonio 43
Guatemala 221
Guerra(s)
  dos Trinta Anos 214
  específicas e ética 141

Mundial I (Primeira Guerra Mundial) 92-94, 155, 172
Mundial II (Segunda Guerra Mundial) 95, 127, 168
Gueto 46
Guevara, Che 143

Hahn, Herbert 91
Hairein 44
Halbwachs, Maurice 70
Hamilton, William 122
Harnack, Adolf von 166s., 170, 181
  e histeria de guerra (1914) 172
Harnack and Troeltsch 166
Harvey, Johnson W. 161
Hassidismo Lubavitch 47
Heber, Reginald 81
Hebreus; cf. Judeus e judaísmo
Hegel, Georg Wilhelm Friedrich (teoria hegeliana) 180
  e historicização 153
Heidegger, Martin (teoria heideggeriana) 132s., 148
Heidelberg 182
Helenismo; cf. Gregos
Herberg, Will 80
Heresia 160, 203
Hermelink, Heinrich 95
Hick, John 198
Hierofanias 113-116, 181, 184, 192
Hindu and Muslim Mysticism (Zaehner) 201
Hinduísmo e hindus 82, 108s., 194-196, 202-205
  Barth e 108
  Bhagavad Gita 192, 212
História (ciência histórica) 63, 73, 149, 153s., 165-167, 174-176, 179s., 184, 191-193, 201, 218s.
  cf. tb. Bíblia
"Historicismo"; "historicização" 153-156, 173-175
  cf. tb. Possibilidade indutiva

Homeless Mind, The (Berger, Berger e Kellner) 20, 26
Homossexualidade, o movimento *gay* 31
Honra 34
Humanismo; cf. Ética
Humor (o cômico) e realidade 57-59
Husserl, Edmund 86, 162

Idea of the Holy, The 65
Identidade 29
Ideologias reacionárias; cf. Nostalgia
Igreja
  confessional 128
  Ortodoxa 80s.
  Ortodoxa Russa 80
Iluminismo, o 115, 119, 145, 178
  e milagres 158
  e reducionismo 115
  Schleiermacher e 155, 158, 178
Ilusão 208, 212s.
Imagens 152
Imperativo herético 43-49
  cf. tb. Possibilidade indutiva
Imperialismo 195s.
Índia 9, 81, 108, 113, 180
  e próximo embate religioso entre Jerusalém e Benares 188-223
  cf. tb. Hinduísmo e hindus
India's Religion of Grace and Christianity 212
Indonésia, linha aérea nacional da 15
Indra 194
Infância e nostalgia 89
Infinito, o 158
  cf. tb. Essência; Misticismo e místicos
"Infinitude, misticismo da" 203-208
Insanidade, misticismo e 177
Insights 187

Instituições 28s., 31
  militares (soldados) 34s.
  cf. tb. Pluralismo; Tradição
Interioridade 193, 200-213
Introduction to the Theology of Rudolf Bultmann, An 127
Invisible Religion, The 37
Invitation to Sociology 69
Irã 201
  dualismo do 195
  e hierofania 113
  invasores arianos 193
Isaac 205
Isaías 192, 202, 205
  Livro de 192
Ishvara 208
Islã e muçulmanos 49, 68s., 72, 77, 88, 109s., 192, 195, 202, 206, 209-211, 220
  Al-Ghazali sobre os místicos 115
  e Dogmática eclesiástica 100s., 108s.
  cf. tb. Corão; Maomé
Israel 166, 175
  cf. tb. Bíblia; Jerusalém; Judeus e judaísmo

Jacó 205
Jainismo 194, 205
James, William 176s., 203, 206, 214
  e "credenciais infalíveis" 182
  e "sotaque da realidade" 57
  e "subuniversos" 56
Japão (japonês) 195
  e Budismo Terra Pura 101, 212
Jaspers, Karl 144s., 148
  e "situações marginais" 186
Javé (javismo) 175, 190s.
Jenseits der Gesellschaft, Das 43

Jerusalém 74, 114
  e Benares, próximo embate entre 188, 221
Jesus (Grant) 107
Jesus Cristo 74, 100s., 114, 129, 132-136, 138, 140, 143, 163, 174, 190, 201, 205
  e exorcismos 128
  enquanto mediador 160s.
  e pães e peixes 126
  satã roga a saltar do Templo 134
  cf. tb. Novo Testamento; Ressurreição
João, Evangelho de 188
Johnson, William 161
Joseph, Irmão 214
Judaísmo; cf. Judeus e judaísmo
Judeus e judaísmo (hebreus, israelitas) 49, 64, 140s., 175, 185, 188, 190s., 199, 202, 206, 220
  e maná caindo do céu 99, 110
  emancipação dos 46s.
  e neo-ortodoxia 116-118
  e tempo 62
  helenístico 160
  "Protestantização" na América 80
  Schleiermacher e o caráter "atrofiado" do 160
  cf. tb. Bíblia; Israel; Moisés
Julgamento dos mortos 130
Junyard 211, 213
Junguianos 142
Juventude, e nostalgia 89

Kant, Immanuel 156
Karma 193
Kegley, Charles 127
Kellner, Hansfried 13, 20, 55
Kerygma 98, 109, 118, 129, 132-134
  cf. tb. Revelação

Kerygma und Mythos (Bartsh, ed.) 127
Kierkegaard, Søren 39, 93, 104-107, 133s., 172, 174
  Mynster e 40
Kirche im Kampf 95
Kirchliche Dogmatik; cf. Barth, Karl
Kraus, Hans-Joachim 92
Krishna 192
Krockow, Christian von 105
Kulturprotestantismus 172

Lagos 40
Lealdade 34
Leben Schleiermachers 155
LeBras, Gabriel 123s.
Leeuw, Gerardus van der 55
Legitimação 30, 74, 172
  cf. tb. Experiência; Reflexão
Levy, Marion 17s.
Liberalismo 10-12, 164s., 179, 216s.
  e barganha 126
  cf. tb. Bultmann, Rudolf; Possibilidade dedutiva;
  Possibilidade indutiva; Schleiermacher, Friedrich
Libertação 39s., 42
  cf. tb. Escolha
Língua
  árabe 72s.
  inglesa 26
Linguagem 71s.
Literatura moderna 38
Logos 188
Loucura, misticismo e 177
Luckmann, Thomas
  e *Social Construction of Reality* 20, 67, 118
  Invisible Religions 37
Luria, Isaac 209

Luta da Igreja alemã 95
Luterano (-ismo) 11, 95, 112
  cf. tb. Reforma
Lutero, Martinho 134, 155, 204
  "coração curvado sobre si mesmo" 134
  "Eis-me aqui..." 131

Mackintosh, Hugh 155s.
Mágicos 64
Mahayana 101, 212
Mahmoud, Moustafa 110
Major Trends in Jewish Mysticism 203
Maná do céu 99, 110
"Manifesto dos intelectuais" 95
Maniqueísmo 60
Man Nobody Knows, The 143
Man Without Qualities, The (O homem sem qualidades) 58
Maomé 68, 88, 110, 114, 190, 205
  e linguagem 72s.
Marx, Karl (marxismo) 42, 73, 101, 142, 149s., 195, 217
  e falsa consciência 148
Maslow, Abraham 142
Massignon, Louis 206
Matemática pura e realidade 58
Maya; cf. Ilusão
Meditação 109, 159s., 196
Memória; cf. Nostalgia; Tradição
Messias 188
Metodismo 204
Migração e impacto da vida urbana sobre a religião 123s.
Milagres 158
Mir'aj 211
Missionários 81s., 195-199, 202
  e Budismo Terra Pura 101
Missionswissenschaft 199

Misticismo e místicos 51, 63-65, 67, 115, 195, 200, 215
  "da infinitude" 204-206
  "da personalidade" 204
  e tempo 183
  William James e 176-178
Mitologia 24, 30
  barganhando com a 127-136
  enquanto símbolo 151
Modernidade (modernização) 15-49, 75-79, 85, 153, 210, 217s.
  barganha com a 123-126
  do destino à escolha 26-33
  e possibilidade dedutiva 88-90, 104-108, 111s.
  e possibilidade indutiva 154
  homem moderno enquanto Prometeu nervoso 39-42
  imperativo herético 43-49
  imperialismo ocidental e 195
  pluralidade de visões de mundo 33-42
  cf. tb. Possibilidade redutiva; Possibilidade indutiva
Modernization: Latecomers e Survivors 17
Moira 30
Moira: Fate, Good and Evil in Greek Thought 30
Moisés 99s., 205
  e maná 99s.
Moltmann, Jürgen 94
Monoteísmo 190
Monte Carmelo 176
Moral; cf. Ética
Morte 133
  almas dos mortos 62
  "de Deus" 76, 122s.
  e realidade 59
  julgamento dos mortos 130
Movimento(s)
  carismático 204
  gay 31

ocultistas 131
romântico 156
Muçulmanos; cf. Islã e muçulmanos
Mulheres, Paulo e 126
"Múltiplas realidades" 55
Música, ouvir 55s.
Musil, Robert 58s.
Mynster, Bispo 40
Mystical Dimensions of Islam 204
Mysticism (Underhill) 203
Mysticism East and West 207
Mysticism: Sacred and Profane (Zaehner) 59, 116, 212s.
Mystik und das Wort, Die 156

Nacionalismo árabe 77
Nairóbi 40
Natanson, Maurice 59, 86
"Nativismo" 89
Nazismo 186
　Barth, Teologia Barthiana e 94s., 172s.
　Bultmann e 127
　e "mito do século XX" 131
Necessidade 30
Neo-ortodoxia 11, 89-96, 102s., 105s., 116-119, 122, 125, 156, 164s., 168-170, 174, 185, 187, 216
　cf. tb. Barth, Karl; Possibilidade dedutiva
"Neotradicionalismo" 89
Newhaus, Richard 140
New Religious Consciousness, The 196
Niebuhr, Richard 80
Nietzsche, Friedrich 39s., 93, 149s.
　Burckhardt e 40
　e "morte de Deus" 76, 122
Niilização 201-203
Niles, D.T. 108

No caminho de Swann 59
"Noite de Glória" (Qadr) 68, 110, 114
Nostalgia 41s., 86, 191
Novo Testamento 74, 102, 174, 222
  e derivação de "heresia" 44s.
  e simbolismo temporal/espacial 62
  e surgimento do existencialismo na história 135
  e visão de mundo mitológica 129-131
  cf. tb. Evangelhos
"Novo Testamento e mitologia" 127s.
Nygren, Anders 161

Objetividade 29s., 37, 44, 104s.
  cf. tb. Realidade; Tradição
Old Testament in Modern Research 91
On Religion (Johnson) 161
On Religion (Schleiermacher) 157-159
Orgasmo e realidade 58
Oriente próximo 190
Ortodoxia 122, 158, 164-166, 170, 173
  oriental 80
  cf. tb. Neo-ortodoxia; Tradição
Otto, Rudolf 55, 65, 168, 178
  estudo de Eckhart e Shankara 207-209
Outra realidade; alteridade 58s.
  cf. tb. Hierofanias; Realidade; Sagrado

Pacifismo, e ética 140s.
Pães e peixes, milagre dos 126
Palestina 113
  cf. tb. Israel
Panikkar, Raymond 198
Pannenberg, Wolfhart 168
Panteísmo 215
Parapsicologia 64
Paris 124

Parsons, Talcott 79
Particularismo 100-102
Pascal, Gabriel 25
Páscoa 114, 133, 135
Passion d'Al Hosayn Ibn Mansour al-Hallaj, Martyr mystique de l'Islam, La 206
Pauck, Wilhelm 166, 179
Paulo, São (e epístolas) 126, 129
 livro de Barth sobre a Epístola aos Romanos 94
Payton, Robert 13
Peale, Norman Vincent 142
Pecado 130
 Paulo e pecadores 126
Peerlinck, Franz 136
Pensamento; cf. Reflexão
Pentateuco 92
Pentecostes 114, 128
"Personalidade, misticismo da" 204
Phenomenology and Social Reality 59
Philosophies of India (Zimmer) 193
Piadas e realidade 57s.
Pietismo 156
Pio XI 87
Plausibilidade 68, 75, 84, 86, 89, 95, 123s., 186, 217
 cf. tb. Pluralismo; Realidade; Secularismo; Tradição
Plekon, Michael 104
Pluralismo (pluralização; pluralidade) 9, 19, 31-39, 107, 147, 158, 185, 220
 e visões de mundo 33-39
Poder
 e Modernidade 17
 e projeção 73
Política (teoria política) 148, 173
 e linguagem 142s.
Polo, Marco 150
"Pontos de contato" 97

Posição de lótus 193
Possessão 128
Possibilidade dedutiva (dedução) 9, 82-84, 88-119
  caso da neo-ortodoxia protestante 90-96
  crítica do salto 102-112
  refletindo sobre o trovão 112-119
  "sobre a face do deserto restava uma coisa miúda" 96-102
Possibilidade indutiva (indução) 9, 82, 85-87, 152-154, 202, 215-217
  até Schleiermacher 154-164
  busca pela certeza e sua frustração 175-185
  críticas da 169-175
  em defesa da suavidade 185-187
  modelo indutivo 164-168
Possibilidade redutiva (redução) 9, 82, 84, 120-151
  concedendo a "mitologia" 127-136
  barganhando com a Modernidade 123-127
  crítica da 144-149
  modelo de tradução 137-143
  o homem como simbolizador e símbolo 149-151
Pragmatismo; cf. James, William
Prazer e realidade 57
Precarious Vision, The 69
Predestinação 97
"Preferência religiosa" 33, 48
Pregadores e pregação 97, 136, 166, 182
Prenter, Regin 144
"Princípio protestante" 155
"Profecia emissária" 190
Profetas 183, 190-192
  Isaías 192, 202, 205
Projeção 73, 101, 149-151
Prometeu, homem moderno enquanto um nervoso 39-42
Protestant-Catholic-Jew 80
Protestantische Theologie im. Jahrhundert, Die 90, 101

Protestantismo 10, 51, 126s., 153-155, 164s.
  e "morte de Deus" 76, 122
  misérias sortidas do 78-82
  cf. tb. Liberalismo; Neo-ortodoxia; Reforma
"Protestantização" 80-82
Proust, Marcel 59
"Províncias finitas de significado" 56
Psicologia (ciências psicológicas) 38s., 141-143, 148, 150
"Psicologismo" 171

Qadr, Noite de 68, 110, 114
Quase-misticismo 204
Question of God (Zahrnt) 92
Qushayri 211

Rad, Gerhard von 192
Radical Theology and the Death of God 122
Ramanuja 212s.
Ranke, Leopold von 153, 174
Reafirmação; cf. Possibilidade dedutiva; Neo-ortodoxia
Realidade 54-60
  suprema 55-60
  cf. tb. Sagrado, o; Sobrenatural
Redeker, Martin 155
Redenção; cf. Salvação
Reducionismo 86, 115, 169
  cf. tb. Possibilidade redutiva
Reencarnação 193, 198
Reflexão 36s., 51s., 73-76, 85s., 91, 97, 105, 123, 157, 170, 215s.
  sobre o trovão 112-119
Reforma (Protestante) 19, 78, 151
  como "conspiração de faculdade" 222
Relatividade (relativização) 25, 41, 57, 75, 111, 179s., 183s.
  Teoria da 177
Religião comparada 168, 218s.

Religion in Essence and Manifestation 55
Renascença, a 19
Repressão, Teoria Freudiana da 148
Ressurreição 126, 130
   cf. tb. Páscoa
Revelação 158-160, 170
   cf. tb. Neo-ortodoxia; Profetas; Verbo divino
Review of Religion 127
"Revivalismo" 89, 155, 204
Revolução Industrial 78
Revolucionismo (movimentos revolucionários) 40, 42, 86, 187
   enquanto sagrado 66
Richelieu, Cardeal Armand Jean du Plessis 214
Ritschl, Albrecht 166, 170
Romance, o 38
Romanos, Epístola aos 94
Rosenzweig, Franz 117
"Rotinização do carisma" 71
Rudolf Bultmann als Prediger 136
Rudolf Bultmamn: Ein Versuch, ihn zu verstehen 146
Rumor of Angels, A 7s.
Ruysbroeck, John 214

Sacred Canopy, The 30
Sagradas Escrituras; cf. Bíblia
Sagrado, o 55, 60-63, 77, 186
   cf. tb. Hierofanias; Mitologia
Saltando ("salto de fé") 102-112, 119, 134, 215
Salvação 101, 114, 130, 163, 194
Samartha, S.J. 82
Samkhya Yoga 193, 205
Samsara-karma 193
Santos 194, 214
   São Francisco 196
   Teresa de Ávila 177s., 214

Sartre, Jean-Paul 40, 133s.
  vs. Camus 40
Satã 134
Saúde mental; cf. Psicologia
Scheling, Friedrich Wilhelm Joseph 156
Schimmel, Annemarie 210
Schleiermacher, Friedrich 87, 90s., 107, 126, 154-168, 178s., 181, 216
Schleiermacher: Life and Thought 155
Schleiermacher the Theologian (Williams) 155s.
Schmidt, Martin 90, 166
Schmithals, Walter 127
Schniewind, Julius 144
Scholem, Gershom 203
Schopenhauer, Arthur 196
Schutz, Alfred 55-57, 71
  e "tempo padrão" 183
Secretariado para as Religiões Não Cristãs 198
Sectarismo, neo-ortodoxia e 117
Secto 85
Secularismo (secularização) 11s., 43, 121, 125s., 134, 137-140, 169, 185-187, 198, 216-219, 223
  cf. tb. Modernidade
Senso de humor; cf. Humor
"Servo sofredor" 90
Sexo e sexualidade 191, 201
  e controle de natalidade 27
  e ética 141
  e pluralização 31s.
  e projeção 73
  orgasmo e realidade 58
Shankara 208-212
Shirk 109
Shiva 212
Shunyata 213s.

Silesius, Angelus 209
Símbolos (simbolização) 71-73, 149-151
Síria/Palestina e hierofanias 113
Sistema de castas 194
Situação 19s.
 cf. tb. Existencialismo; Modernidade
"Situações marginais" 186s.
Sitz im Leben 150
Sivaraman, K. 81
Sobrenatural 55, 60-63, 183, 186
 cf. tb. Mitologia
"Sobrenaturalismo" 60
Social Construction of Reality, The 20, 67, 118
Sociedade (entidades sociais) 34s., 64, 69
 e estar "sozinho" 77
 e realidade suprema 57
 cf. tb. Instituições; Modernidade; Tradição
"Sociedade-guia" 79
Sociologia 38, 40, 143, 148, 159, 172
Sociology of Knowledge, The 20, 23
Sócrates 22
Soldados (as forças armadas) 34s.
Sonho 55-57
Sorge 133
Staal, Frits 210
Standortsgebundenheit 23
Stark, Werner 23
Stephan, Horst 90, 166
Studien zur Anthropologie und Soziologie 40
Suavidade 185-187, 221
Subjetividade (subjetivação) 35, 89, 91, 105, 153, 155, 162
 cf. tb. Possibilidade dedutiva
"Subuniversos" 56
Sufis (Sufismo) 116, 209-211
System of Modern Societies, The 79

Taxas
Tecnologia 19-21, 41
Telefone 20s., 26
Tempo, sobrenatural e 60-63
"Teologia dialética" 94, 128
   cf. tb. Barth, Karl; Neo-ortodoxia
"Teólogos profissionais" 11
Terceiro Mundo 8, 21, 27, 196
   ambivalência da alienação e libertação 39
   controle da natalidade no 27s.
   e telefones 20s.
   viagem de avião no 15s.
   cf. tb. Ásia Ocidental
Teresa de Ávila, Santa 177s., 214
Tertuliano 188s.
Theology of Ramanuja, The 212
Theology of Rudolf Bultmann, The 127
Tikal 221
Tillich, Paul 168, 220
   "era protestante" 79
   "princípio protestante" 155
Tipos (tipologia) 82s., 201
   "ideais" 83
Tolerância racial e ética 141
Torá 201, 205
Totalitarismo 42
Totaliter aliter 65
Towards World Community 82
Tradição 27s., 36, 39, 50s., 78s., 84-86, 216, 219
   religião como 66-75
   cf. tb. Possibilidade dedutiva; Possibilidade indutiva;
      Possibilidade redutiva; Instituições; Neo-ortodoxia
Tradução (modelo da tradução) 139-149
   crítica ao modelo 144-148
   para o inglês 26

Transcendência; cf. Hierofanias; Mitologia; Sobrenatural
Troeltsch, Ernst 179-184, 189, 221
Truth and dialogue in World Religions 198
Turning East 198
Turquia 89
Types of Modern Theology 155

Über die Religion; cf. *On Religion* (Schleiermacher)
"Uma outra realidade" 58s.
 cf. tb. Hierofanias; Realidade; Sagrado, o
Underhill, Evelyn 203
Universidade de
 Greifswald 92
 Marburgo 128
 Rutgers 13
Universo; cf. Cosmos e cosmologia
"Universo em três andares" 129
Unknown Christ of Hinduism, The 198
Upanixades 205, 210, 220
 Shankara e 208

Valores; cf. Subjetividade
Varieties of Religious Experience (James) 156, 203
Vaticano e religiões asiáticas 198
Vazio 213s.
 cf. tb. Alienação
Vedanta 205, 207
Verbo divino 98s.
Verdade 119
 cf. tb. Certeza; Fé
"Verdadeiro eu" 62
Vestimenta 27
Viagem de avião 15s.
Vida urbana (francês), impacto sobre a religião exercido pela 124
"Virtuoses religiosos" 51, 177

Visão do Trono 192, 205
Vishnu 192, 212
Visões de mundo 25
  pluralidade de 33-39
  cf. tb. Mitologia; Modernidade
"Viver para a morte" 133
"Você é isto" 205, 210
Voegelin, Eric 192
"Voltando à realidade" 56
"Voltando para casa" 89
  cf. tb. Neo-ortodoxia
Vontade; cf. Escolha; Neo-ortodoxia

Weber, Max (teoria weberiana) 51, 177, 179, 200
  e Reforma Protestante 78
  e "rotinização do carisma" 71
  e "tipos ideais" 83
  "profecia emissária" 190
Weiss, Gretel 117
Wellhausen, Julius 91s.
Wesen; cf. Essência
Wesen des Christentums, Das; cf. *Essence of Christianity, The*
Wesley, John 204
Williams, Robert 155, 157

Yoga 193
  Samkhya 193, 205
Yom Kippur 117

Zaehner, R.C. 213
  Hindu and Muslim Mysticism 201
  Mysticism: Sacred and Profane 59, 116, 212s.
Zahrnt, Heinz 92
Zimmer, Heinrich 193, 205
Zoroastro 190s., 201
Zwischen den Zeiten 94

CULTURAL

Administração
Antropologia
Biografias
Comunicação
Dinâmicas e Jogos
Ecologia e Meio Ambiente
Educação e Pedagogia
Filosofia
História
Letras e Literatura
Obras de referência
Política
Psicologia
Saúde e Nutrição
Serviço Social e Trabalho
Sociologia

CATEQUÉTICO PASTORAL

Catequese
Geral
Crisma
Primeira Eucaristia

Pastoral
Geral
Sacramental
Familiar
Social
Ensino Religioso Escolar

TEOLÓGICO ESPIRITUAL

Biografias
Devocionários
Espiritualidade e Mística
Espiritualidade Mariana
Franciscanismo
Autoconhecimento
Liturgia
Obras de referência
Sagrada Escritura e Livros Apócrifos

Teologia
Bíblica
Histórica
Prática
Sistemática

VOZES NOBILIS

Uma linha editorial especial, com importantes autores, alto valor agregado e qualidade superior.

REVISTAS

Concilium
Estudos Bíblicos
Grande Sinal
REB (Revista Eclesiástica Brasileira)
SEDOC (Serviço de Documentação)

VOZES DE BOLSO

Obras clássicas de Ciências Humanas em formato de bolso.

PRODUTOS SAZONAIS

Folhinha do Sagrado Coração de Jesus
Calendário de mesa do Sagrado Coração de Jesus
Agenda do Sagrado Coração de Jesus
Almanaque Santo Antônio
Agendinha
Diário Vozes
Meditações para o dia a dia
Encontro diário com Deus
Guia Litúrgico

CADASTRE-SE
www.vozes.com.br

EDITORA VOZES LTDA.
Rua Frei Luís, 100 – Centro – Cep 25689-900 – Petrópolis, RJ
Tel.: (24) 2233-9000 – Fax: (24) 2231-4676 – E-mail: vendas@vozes.com.br

UNIDADES NO BRASIL: Belo Horizonte, MG – Brasília, DF – Campinas, SP – Cuiabá, MT
Curitiba, PR – Fortaleza, CE – Goiânia, GO – Juiz de Fora, MG
Manaus, AM – Petrópolis, RJ – Porto Alegre, RS – Recife, PE – Rio de Janeiro, RJ
Salvador, BA – São Paulo, SP